普賢王如來祈願文

Penetrating Wisdom:
The ASPIRATION of SAMANTABHADRA

竹慶本樂仁波切◎著　江翰雯◎譯

目錄

The Karmapa

欣聞竹慶本樂仁波切著作此部《普賢王如來祈願文》釋論，並以尊敬的第十五世大寶法王卡恰多傑的釋論作爲根據來闡述， 我感到極爲歡喜。

由於在二十世紀之前，藏地無論是在時間或空間上，都孤立隔絕在世界的邊緣，因此在這千百年來，出現了許多大師，將其一生的精力，投注在精神上的提升且成就了高尚的智慧。大師們將這些經驗，透過傳承的方式完整廣博的保留了下來。如今來到了地球村的現代，世界各地許多傳統的文化資產得以交流與分享，所以儘管並非所有人都能如以往般深入修持佛法，但很多人都有意願吸受種種的資訊，包括佛教的知識在內。

本書中仁波切有條有理地把祈願文分爲七個部分講解，還有精彩的師徒問答，爲讀者次第說明這看似複雜難懂的法教。更難得的是，由於仁波切是新一代上師，與現代文化接觸甚久，也在美國讀過書，對於現代人的思維有著精闢的觀察與理解，書中的講解多能讓人產生共鳴，再加上生動幽默的陳述，相信現代行者對這本書應該會感到愛不釋手。

《普賢王如來祈願文》屬於佛教金剛乘的大圓滿教法傳承，金剛乘雖然是度化天生具足智慧，或者是後天次第修行特定法門的行者，並不適合於所有的人，但在金剛乘法門中也清楚提到：「哪怕是對大圓滿教法生起了懷疑猶豫，也能因此種下證悟甚深境界的種子。」所以儘管部份讀者可能尚未準備好深入的去體驗這個法門，但是經過與時俱進的增長與修持，相信各位終有一日都能夠了悟甚深的境界。

很高興看到這本書已經譯爲中文，廣爲發行，希望所有接觸到此書的人，都能法喜充滿！

大寶法王噶瑪巴鄔金欽列多傑　書於達蘭莎拉

西元 2013 年 8 月 18 日

堪布竹清嘉措仁波切序

ཀ་དག་རྫོགས་ཆེན་རང་ཤར་རང་གྲོལ་ཨ།

སྐྱེས་མེད་མཐའ་བྲལ་དབྱིངས་སུ་ཨེ་མ་ཧོ།

དགོངས་པ་ཟང་ཐལ་དུ་བསྟན་པའི་རྒྱུད་ལས་ཀུན་ཏུ་བཟང་པོའི་སྨོན་ལམ་དུ་རྫོག་ཆེན་དཔོན་སློབ་རིན་པོ་ཆེ་ཡི་འགྲེལ་བཤད་རྒྱ་སྐད་དེབ་བཟོ་བའི་ཆེད་མཁན་མིང་ཚུལ་ཁྲིམས་རྒྱ་མཚོ་པས་བལ་ཡུལ་ཐེག་མཆོག་གླིང་དུ་སྤྱི་ལོ་༢༠༡༢་ཟླ་བ་༡༢་ཚེས་༡༡་ཉིན་ལྷུག་པར་སྨྲས་པའོ།།

11th December, 2012

本淨大圓滿自生解「啊」，

無生離邊界中嗳嗎伙！

這本來清淨的大圓滿，是自生自解的「啊」，

在無生起，遠離二邊的法界中，多麼奇妙！嗳嗎伙！

西元 2012 年 12 月 11 月，堪布竹清嘉措仁波切於尼泊爾勝乘林爲《大圓滿能顯普賢王如來洞察智密續》之普賢王如來願文，竹慶本樂仁波切所作釋論之中文出版即興所說。

中譯註：「阿」為萬法之源的種子字，「嗳嗎伙」為表達奇妙之意的語氣詞。

英文版編者序

此書爲第七世竹慶本樂仁波切（The Dzogchen Ponlop Rinpoche）針對《普賢王如來祈願文》所作的釋論。身爲竹慶本樂的第七世轉世，仁波切本身即是這些教法的直系法嗣，他在尊貴的頂果欽哲仁波切座下領受了這部教法的傳授。本樂仁波切淵博的學識和對這些教法的直接了悟，使他有能力精確傳達這部願文的文字和意義，因此，他的教法實是大圓滿傳承直接給予我們的珍貴禮物。

我們很榮幸有此機會出版這本書，協助仁波切將這些教法呈現給更廣大的讀者。這本釋論源自仁波切在德國和美國對弟子所作的兩個系列開示；仁波切的闡釋讓這部教法更顯鮮活，也幫助讀者瞭解如何實際應用在日常生活中。仁波切對英文口語的活用，以及對梵文和藏文名相的精確英譯，爲這部教法的眞義賦予了彌足珍貴的洞見。

爲了方便讀者參照，每個章節起頭都以根本偈作爲該段釋論的引言，釋論中提到根本偈的某些行文時，便以楷體字來呈現偈言。文中也提供藏文和梵文名相的發音。由於仁波切在釋論中多使用藏文名相與翻譯，因此我們主要以藏文來說明並維持內文的統一性。詞彙表則包含了英文、梵文和藏文名相。詞彙表括弧（）中，Eng. 爲英文，Skt. 爲梵文，Tib. 爲藏文，藏文／前爲拼音、後爲讀音。仁波切在釋論中未特別加以定義的名相，詞彙表則提供了一般性的說明。標註爲NG的定義摘自第九世大寶法王噶瑪巴旺秋多傑（The Ninth Gyalwang Karmapa Wangchuk Dorje）所著作的《大手印了義海》（*Mahamudra-The Ocean of Definitive Meaning*），由尼塔莎正知國際出版社（Nitartha International）於二〇〇二年出版，並由尼塔莎正知國際授權於本書中使用。

這部釋論的編輯工作可說是責任重大，令人戰戰兢兢，但在仁波切的要求下，我們欣然接下了這份工作；若有任何錯誤，編輯願負全責。

本書的圓滿出版，仁波切的許多弟子功不可沒，其中包含多位抄寫員和翻譯，在此對他們獻上無限感激。

然而，嘉惠我們最多的，最首要也最重要的靈魂人物，就是仁波切了。我們非常感激仁波切闡明這些教法的恩德，以及他所教導的清晰見地。最後，我們要將出版本書的一切功德迴向給仁波切，願他長久住世，佛行事業興盛，無庸置疑地，這一定會對所有眾生產生廣大利益。

中譯序

完成整本書翻譯的那一刹那，不可言喻！

那份歡喜，並不僅是因爲完成了本樂仁波切殊勝著作的翻譯、知道他棒到不行的開示即將利益到許多實修行者，更是因爲普賢王如來願力的威猛，讓電腦前奮筆疾書的我，契入一種難以形容的悲智加持力的氛圍。尤其在即將圓滿本書、翻譯到這一段時，全身毛髮直豎，在胸腔溫熱的顫動中，淚如泉湧：

啊伙！
從今起，具有證量的瑜伽行者
以其遠離無知迷惑的本覺之力
發起這威猛廣大的祈願時，

所有聽聞到這祈願的眾生，
定會在三生之內，成就正等正覺。

有次，與本樂仁波切聊到本書的翻譯時，仁波切說：「我的所有著作中，自己最喜歡的，就是這本書！」我觀想著普賢王如來，心中憶念著也是我的根本上師的本樂仁波切，終於瞭解他爲何一直催促翻譯進度——眾生的解脫，不可再等待！透過仁波切這位具有證量的瑜伽行者，所有讀者都將與此殊勝解脫法結上甚深緣分，在三生之內，成就正等正覺，離苦得樂！

寫到這裡，感動的淚水又濺濕了電腦鍵盤。

翻譯過程中，我一邊以書中法教進行實修，克服了這段時間裡洶湧而來的身心障礙與病痛，證實了佛法的威猛與實用！由於工作和學習的緣故，我在美國、尼泊爾、台灣之間來回，最後是在生我養我的台灣完成了最後一章，這眞是個美好的緣起！經典中時常以「回家」作爲比喻，期許行者「回到自心本性的家」，猶如仁波切在書中所說：「安歇在

情緒原本的狀態中，我們的心便會慢慢回歸到自心根本的本覺境界；了悟赤裸無遮的本覺根本境界時，佛智自然而然展現，從而證得大圓鏡智光華四射的明性。」

衷心祈願本書中文版的發行，利益所有華人世界的讀者，指引無數實修行者；祈願讀到、聽到、思維或以任何方式接觸到本書的眾生，都在三生之內，成就菩提正覺，自利利他！

江翰雯　寫於生我養我的台灣

普賢王如來祈願文

伙！

顯有輪涅一切法，一根二道與二果，覺與無明所變現。

由我普賢廣大願，令眾於此法界宮，現前圓證佛正覺。

萬法之根乃無爲，自生廣大離言銓，輪涅二者名亦無。

覺了彼性即佛陀，不了眾生轉輪迴。

普願三界有情眾，皆悟離言之根義。

我乃普賢王如來，根之實義離因緣，眞如之根自了知。

我無內外增損患，失念闇昧無遮故，自現顯相亦無遮。

自覺原處安住時，三界毀壞亦無畏。

於五妙欲無貪執，離念自生覺性中，無存色法與五毒。

本覺明分無滯礙，一本性中現五智。

本初五智成熟故，生起本初五方佛。

由此本智增廣時，生起文佛四十二。

五智威能顯現時，生起六十飲血尊。是故根覺未有惑。

我乃本初佛之故，由我所發廣大願，

三界輪迴有情眾，了知自生之本覺，直至開顯大智慧。

幻變化身無止盡，我作化現百俱胝，於何以何善調伏。

以我悲心之願力，三界輪迴有情眾，願悉脱離六道處。

初始迷亂諸眾生，本覺於根無展現，

失卻正念現癡昧，此爲無明迷惑因。

於此昏昧癡迷中，乍現怖畏惶惑識，自他敵執由此生。
習氣薰染漸孳長，復次深陷輪迴生。
由是五毒煩惱增，五毒業力旋無斷。
由是有情迷惑根，源於失念無明故，
以我如來之願力，願皆了知自本覺。
俱生愚癡之無明，是爲散亂失念心，
遍計所執之無明，即執自他爲二元，
俱生遍計二無明，眾生迷惑之根基。
以我如來之願力，祈願輪迴有情眾，
失念闇昧皆除淨，二元執著心澄清，本覺本貌祈得證。
二元之心爲疑也，由生微細貪執心，粗重習氣漸次增。
財食衣住與友朋，五妙欲及親眷等，悅意貪染作惱熱，

此皆世間迷惑也，由是能所業無盡。

貪執之果成熟時，投生餓鬼貪逼苦，飢渴交迫極悲慘。
以我如來之願力，祈願貪執諸眾生，
貪欲奢望不捨棄，欲望執著不納取。
心識如實自寬歇，本覺原處自安住，佛分別智祈得證。

於諸外境之顯相，現起微細怖畏心，
由是瞋怒習氣增，粗重敵意打殺生。
瞋怒之果成熟時，地獄煎熬極苦痛。
以我如來之願力，祈願六道有情眾，
粗重瞋怒生起時，不取不捨自寬歇，
本覺原處自安住，清明本智祈得證。

自心由現驕慢故，競爭詆毀他眾生，
粗重慢心亦生故，自他征戰受苦痛，
彼業果報成熟時，生爲天人受墮苦。
以我如來之願力，祈願驕慢諸眾生，
彼時心識如是歇，本覺原處自安住，平等性義祈得證。

二取增生習氣故，自讚毀他長苦惱，
彼生博鬥競爭心，投生鬥殺阿修羅，果報下墮地獄道。
以我如來之願力，祈願心生爭鬥者，
不作敵意自寬歇，心識原處自安住，無礙佛行本智得。

失念癡捨成渙散，蒙黯昏沉與忘失，
昏迷怠惰愚笨故，流轉無怙旁生果。

以我如來之願力，祈願魯鈍愚闇中，
生起正念清明光，離念本智祈得證。

三界有情諸眾生，賴耶同我普賢佛，卻轉失念迷惑根，
現時造作無義業，六業如夢迷惑也。
我爲本初第一佛，化身爲伏六道故，
以我普賢之願力，祈願眾生盡無餘，法界之中成正覺。

啊伙！
今後大力瑜伽士，若以無惑明覺力，發此具力廣大願，
聞此願文諸眾生，三世終必成正覺。
羅睺執蝕日月際，或於暴雷地震時，
日變節氣轉換時，自觀普賢王如來，

以眾聞聲誦願文，以此瑜伽之願力，
三界有情諸眾生，漸次遠離諸苦痛，終獲究竟之佛果。

佛如是云。摘自《大圓滿能顯普賢王如來洞察智密續》（*rdzogs pa chen po kun tu bzang po'i dgongs pa zang thal du bstan pa'i rgyud*）。此十九章節之願力威猛故，一切有情眾生無不能證得佛果。

中譯註：文言文偈言以藏文為主、英文為輔而翻譯。

第一部

信心

祈願

《普賢王如來祈願文》屬於金剛乘佛法的大圓滿傳統，起源於本初佛普賢王如來（Buddha Samantabhadra），藏文稱爲「袞督桑波」（Kuntuzangpo）。根本而言，這篇願文就是法身佛普賢王如來的祈願。❶

這不僅是本初佛的祈願，在大圓滿傳統中，這也是祈願證得圓滿正覺的修道願文，以及讓修道更正確如法的教訣願文。願文中描述了本覺（rigpa）在凡俗生活中的不同示現，而所謂「本覺」，即是我們的根本覺性。此外，這也是希望能了悟本覺、了悟純正修道、以及獲得與純正導師相同了悟的祈願。

據說有許多大圓滿密續，從虛空傳降到鄔迪亞那（Uddiyana）國王的皇宮屋頂上，稍後由報身佛金剛薩埵，傳授給大圓滿傳統偉大的人類上師嘎惹多傑（Garab Dorje，義譯：勝喜金剛），嘎惹多傑再傳授給文殊友（Manjushrimitra）和師利星哈（Shri Simha），之後傳給了蓮花生大士（Padmasambhava）等大師。我自己則是在尊貴的頂果

❶本初佛普賢王如來，即是法身佛普賢王如來。

欽哲仁波切座下，領受了此法本的傳授，此外也在祖古鄔金仁波切座下，領受了這部密續的傳授。以上簡略說明了我們的傳承。

本書以第十五世大寶法王噶瑪巴卡恰多傑的釋論爲根據，因此更顯純正眞實。

這其實是不折不扣的金剛乘祈願，所以我們必須打好眞實的基礎來發願。我的上師曾傳授我有關這個基礎的重要教訣，就是——信心，一種毫無疑慮的信任。我們要對不可思議的眞理生起虔敬和信任，這就是此類金剛乘修持的基礎。

信不信由你，信心是進入金剛乘、大圓滿或大手印修道的基本必要條件，這是一種不太會受到擾動的全然信任感。我們要對那不可思議眞理的根基、那超越概念（離戲）的實相，生起信任、信賴和信心；即使你沒有完全的信任和信賴感，也要對離戲和超越凡俗感知的實相抱持開放的態度，這點非常重要。

日常生活中，人類低階感官知覺所經歷的現實情境，徹底覆蔽了我們自己。我們對包含概念在內的六種感官所感知的一切，堅信不移。我們相信最高眞理就是眼見、耳聽、感受爲憑的一切，因而將這一切視爲究竟的依據，拒絕相信還有超越這些凡俗感知的事物。

密續、金剛乘、大手印和大圓滿修道上最大的障礙，就是一古腦兒只相信凡俗的感知顯相。眞理就在面前，但是人類的感知能力其實很低階，透過這種不怎麼高明的感知能力，是無法領會到眞理的。

現代科學文化的信念非常強硬，就是不肯相信在人類的感知和概念之外，還有其他實相。但是，即便從現代科學的觀點來看，我們的感官功能也相當低階落後。透過這些感官功能，我們看到的是較大、較粗略的存在狀態；然而透過顯微科技等，卻見到了不同的事實。現代物理學中，現象被視爲某種能量場，好比夸克（quark）等，而我們的感官功能卻無法體驗到這個層次的微細現象，遑論不可思議的實相了。

就因爲自己無法以輪迴的感官去感知眞正的實相，我們便將不可思議之實相的可能性排除在外。我們說：「因爲看不到，所以不相信。眼見爲憑。」如果不符合我們輪迴的迷惑邏輯，不符合以自我爲中心的邏輯，我們就將之排除在外。輪迴的概念無法想像不可思議的眞理，而這些都會障礙我們對金剛乘教法的瞭解。

我們在金剛乘修道上學習到的內容，並非全都能以概念來理解或想像。要瞭解金剛

乘，就需要對甚深眞理懷有某種程度的信心。即使無法百分之百相信和確信，保留一點空間接受這個可能性，也是很好的開始。因此，金剛乘修道的首要條件就是「信心」這個功德特質。我們至少要對遠離概念的實相、不可思議的眞理，保留一種開放的心態。這個信心，這個對甚深眞理的可能性的證悟之念，就是讓我們得以一瞥本覺的根本基礎。

人們通常只會想到要對本尊有信心，或對上師有信心，不過這並非此處所說的信心的根本意義。這裡指的是對不可思議眞理的信心，而在金剛乘中，這就是根本的信心。因此，跟大家分享我的金剛上師教導的這個實用教誨和教訣，我想是非常重要的，我應該跟有興趣學習金剛乘的你們分享這些觀點。

金剛乘的信心與一般世俗的信心截然不同。世俗上，我們可以透過概念架構來運用某些邏輯，但輪迴的邏輯在金剛乘的信心中，毫無價值可言。只要我們仍緊抓著輪迴邏輯不放，這條金剛修道就不會穩如泰山；只要我們的信心仍建築在輪迴邏輯上，就沒有眞正奠定自己的金剛修道。所以說，這可能會有些困難，有點微妙詭譎，也會是金剛乘旅途上極具挑戰性的起點。我知道西方人都很喜歡挑戰，這可是個大好機會！

金剛上師

說到金剛上師，我通常喜歡形容他們像是「超時空戰警」❷，主角說：「我，就是法律！」不會有審判過程，也沒有陪審團，直接就地處決。從許多層面來看，金剛乘上師就是會這麼說，不是我想嚇你，只是實話實說而已。這種無路可逃的可怕情況，可眞危險嚇人！

培養這種根本信心的過程中，金剛乘上師扮演了非常重要的角色。這是因爲金剛乘信心肇始於對上師和傳承的信任、確信和信心，上師是我們心靈修道的嚮導，傳承則持有心靈修道的智慧。就是這種對法教和修道成果的信任和信心，能夠帶領我們到達證悟的果位。換言之，我們要以正面的心態對自己說：「往昔有許多傳承上師，當今也有許多傳承上師，是的，這一定會帶領我達到佛果。」

對甚深眞理的信心，肇始於對傳承、金剛乘修道和金剛上師的信心。我們之所以要依止金剛上師，是因爲自己早已用過千百種不同方法，試圖喚醒自己，然而卻沒有一個方法眞正管用。舉例來說，我們把隔天早上的鬧鐘時間設定好，一大清早，鬧鐘的嗶嗶聲卻微弱不堪；鬧鐘響起是因爲已經設定好了，但鬧鐘的聲響卻顯得那麼軟弱無力。它對我們沒有足夠的影響力，是因爲知道自己沒有足夠的力量喚醒我們。

虛弱的鬧鈴響起時，我們偉大的輪迴指令便以強大的習氣，指使我們伸手按下暫停鍵。於是我們又倒頭去睡舒適的輪迴大覺，繼續上演自己執著的輪迴美夢或夢魘。十五分鐘後，鬧鈴再度響起，我們又一次按下暫停鍵。我們對這個能喚醒我們的甚深眞理，其實並沒有信心、也不確信。這種狀態就這麼經年累月、甚至累生累劫地持續下去，這就是小乘與大乘的修持之旅如此費時的原因。

一般的清醒過程有個邏輯：設定鬧鐘時，你自己選定鬧鈴時間及音量，而且你也可以選擇不要醒來。這很合理。

小乘和大乘之旅可以是非常合乎邏輯道理的，此二乘運作的方式可以比較貼近輪迴之心，再一步步帶領我們超越輪迴的邏輯。但金剛乘卻是完全超乎邏輯。這是個非常重要的

❷ *Judge Dredd*，美國漫畫改編的電影，主角是警察／法官一體的角色，可以逮捕罪犯也可以處決罪犯，有點類似中國包青天的角色，殺無赦。

重點。金剛乘就像是不用鬧鐘，請別人一大早親自叫醒你一般，你依靠這個人、依靠這個金剛上師來喚醒你。

我們得全心信賴此人、信賴他喚醒你的方法，因為其中毫無邏輯可言。你不知道此人會用什麼方式叫醒你，這點倒是確定的。你需要大大敞開心扉，因為你得把家裡的鑰匙交給他，否則他就無法進入你的空間，把你從輪迴迷惑中喚醒。

交出鑰匙的過程，就是我們所說的「虔敬心」和「開放的心態」。此處所說的信賴和信心，就好比交出你家鑰匙，之後，金剛上師要以何種方式喚醒你，就完完全全是他/她的選擇了。肯定的是，上師絕不會用鬧鐘來叫你。為了讓我們完全清醒，上師使用的「最文明」方法，應該會是一桶冰水。一旦被冰水潑醒，你絕不會再想睡回籠覺，因為你的輪迴大床已不再溫暖舒適，一桶冰水讓整張床變得其冷無比，你只想趕緊起床，清醒過來，沒有選擇的餘地。

我們可以從這例子看到金剛乘法門有多麼剛烈、命中要害、令人警醒。話說回來，這對自我來說，可不是舒服愉快的方法，所以對金剛上師和金剛傳承的強大信心是不可或缺的。這樣的信心即是覺醒的鎖鑰。我之所以這麼強調這點，是因爲如果沒有這樣的信心，似乎任何修道或修持都不可能有結果。由於這個緣故，大圓滿傳統也非常強調傳承的法源。

我們起初的信心可能是概念性或理論性的，若能專注禪修虔敬心、信任和信心到某個程度，就會超越概念，之後再繼續專一禪修，便會轉爲無概念的體驗。只要專注一心，它就會成爲赤裸直接的體驗。

二十世紀的西藏有一位偉大上師更敦群培（Gendün Chöpel），某段時期他的行爲有點瘋癲。一天，一位弟子供養他清稞酒，他一面喝酒，一面與這個弟子討論佛法。弟子是如此專注於自己對上師的虔敬心和信心，如此專注地聆聽上師所說的每一字每一句，結果，弟子竟然開始覺得醉了。他並沒有喝酒，卻感到酒醉，也聞到自己口中的酒氣。然後，當他回到自己的概念世界時，一切當然消失了。

這位弟子在撰寫上師更敦群培的傳記時，敘述了這段故事，他說，有那麼一個片刻，他感受到自己的心境與上師無二無別，與上師的心境合而爲一，甚至還出現酒醉和聞到口中酒氣的外在徵兆。不過，他所感受到的，主要是上師的心，這當然是難以言喻、筆墨難

以形容，唯一能夠描述的，就只有這些外在的徵兆和他的感受。

這個故事顯示了一心一意把信心放在上師或法教上，就能夠有某種遠離概念的體驗；就金剛乘之旅而言，我們稱之爲「師徒心心相印，合而爲一」。透過虔敬心和信心而有了融合感，這絕對與信心和信任感息息相關。但此處所說的並非只是盲信，虔敬心是需要智慧和知識的。

有了這樣的虔敬心和信心，我們便會樂意踏上這趟旅程，到達痛苦輪迴的另一邊，也就是大樂的涅槃。這就如同旅人在旅途上必須依賴擺渡人或飛機駕駛一般，道理相同，都需要極大的信任感。登上飛機時，我們其實是把自己的生命完全交給了駕駛艙中的機師，但我們通常沒注意到這點，沒多想什麼就登上飛機了。仔細想想，我們可是在這幾個人身上投注了極大的信任和信心，我們的生命就交付在他們手中。

舉例來說，我自己完全不懂如何駕駛飛機，這完全超乎我的概念，但我信任飛機駕駛；就如同這個道理一般，我們也要用相同的信任感來相信自己的金剛上師、金剛傳承、金剛船、金剛飛機或金剛火箭。以這樣的信心和信任感，我們就這麼踏上金剛乘修道之旅。

傳承本源

在金剛乘中，傳承是這趟旅程最重要的本源。金剛乘並非西藏什麼糊里糊塗的上師或印度的瘋癲聖人所發明，而是怙主釋迦牟尼佛以及往昔諸佛的教導，由許多印度金剛上師（大悉達或大成就者，Mahasiddhas）在印度傳揚興盛，然後傳到西藏，再由西藏的大成就瑜伽士薪火相傳至今。

金剛乘如何保存至今仍活躍興盛呢？就是透過傳承清淨的教訣傳授，透過大師傳予弟子的證悟證量而相續至今。沒有這些教訣的傳授，就沒有金剛乘修道。這些教訣傳授並非來自書本或一個凡人，而是來自證悟之心，來自甚深的了悟。

清淨的金剛乘教訣的傳授方式，以及弟子領受教訣的方式，從不制式化或公式化，都是以私密的個人方式來授予，因而有著一種清新鮮活的特質。以此方式，上師爲弟子量身訂作符合個人需求的教訣傳授，這是此處最顯要的重點。

金剛乘修持很重視「互爲緣起」或「緣起」的道理，梵文是*pratityasamutpada*。這些看似微不足道的「緣起」，是密續中極爲重要的一環，尤其是在一開始的階段。即使是馬爾巴、密勒日巴和那洛巴這樣的大師，都非常倚重這些緣起。

緣起並非只是外相上看起來重要而已。舉例來說，密勒日巴尊者前去尋找馬爾巴大譯師時，看見一個人在犁田，那時密勒日巴不知這位仁兄就是馬爾巴大師，他趨前詢問：「請問至尊馬爾巴大譯師在哪兒？」馬爾巴答道：「我沒聽說過至尊馬爾巴大譯師，但那邊的房子裡倒是住著一位在家居士，就叫馬爾巴。」他指著那棟房子，說：「你幫我犁田，我去看看他是否要見你。你累了的話，這裡有青稞酒可以喝。」他留下了一壺青稞酒，讓密勒日巴去犁田。

馬爾巴進入那間房子，就沒再出來。密勒日巴把田犁得很好，也喝完了青稞酒。這些情節似乎再平常不過，不值得一提，然而馬爾巴大師後來卻說：「這是非常吉祥的緣起，犁完田代表你會非常精進修持，從而斷除一切障礙。喝完青稞酒代表你會領受到我所有的法教。」由此我們可以看到，這些看似平凡且微不足道的事，在密續中卻是重要無比。我們不知道何者重要，何者不重要，只有金剛上師心中有數。

有些人可能需要上師在額頭上敲一記來受法，不然法教可能不會管用。真正的上師會知道應該在誰額頭上狠狠敲一記，也知道這個弟子未來不會到法院去控告他。在我們的傳

承中，帝洛巴大師曾脫下鞋子，狠狠在那洛巴額頭上打了一記，那洛巴昏了過去，一會兒醒來後，已是個完全的證悟者。因此我們說，教訣的傳授是金剛乘修道的關鍵要點，在大圓滿傳承中尤爲如此。

有些心要教訣很簡單，例如，密勒日巴尊者和岡波巴大師的生平故事中，描述了這段情節：弟子岡波巴向上師密勒日巴尊者告別，這是師徒最後一次相聚，因此氣氛感傷，師徒二人依依不捨，上師送徒弟一程、一程又一程。最後，密勒日巴尊者終於說：「好吧，就送你到這兒，你應該踏上旅程了。但在你離開前，我還有個甚深寶貴的口訣尚未傳給你，」說著便脫下褲子，給岡波巴看他的臀部，說道：「看到了吧？」密勒日巴尊者的臀部結滿了老繭，那是坐在岩石上禪修多年的結果，尊者說：「這就是最後、最甚深的口訣了。」教訣的傳授就是如此美妙。

有些教訣的傳授是那麼簡單，有些則需要花費多年作開示教導。透過對傳承的上師、法教和證悟聖賢僧的信心，我們便能對甚深眞理生起信心和信任。

金剛乘與「新時代靈修」的方式大異其趣，其中的差異是，金剛乘教法由傳承所掌握。我知道有些人不喜歡「掌握」這個字眼，但是金剛乘法教確實是由傳承權威所持有。我也知道有人不喜歡「權威」這個字眼，但金剛乘傳統就是有這個部分。有了這個清淨的傳承，這個純正的傳承，我們就不至於以自我中心的觀點來解讀佛法。我們不能像那些「新時代靈修」的老師一樣，隨意解讀佛法，也不可以發明一個新的傳承，因爲傳承要經過「承繼」才會是傳承，必須透過教訣傳授的過程才領受得到，不是自己隨隨便便就可以捏造的。若是自己創造的，就是「新時代靈修」，或許就是在美國加州編造出來的吧。

金剛乘傳承管束著我們，我們才不會以自我中心的觀點來解讀佛法，這並不是在否定或推翻個人對佛法的理解，也不是在否定個人聞、思、修佛法的方式，個人對佛法當然有各自的體悟。然而，「個人體悟」和「個人解讀」有著天壤之別。這就是爲何佛陀要教導三乘法教的原因。

儘管佛陀作了許多開示，我們卻只聽到自己順耳的內容。舉個例子，假使我們只想作大乘的某一個修持，便只聽到自己想聽的那些大乘法教；如果上師教導某些我們無意聽聞的大乘法教，要求我們修持，我們就完全否認這些內容，反而以不同的方式解讀，不去修

持這些法教。這是非常嚴重的問題。

我們可以各自聽聞和修持佛法，這是我們自己的金剛乘修道，然而若是以個人的解讀來學習佛法，就與金剛乘背道而馳了。這時究竟會朝向何處去，我不清楚，但這絕不會是金剛乘。

師徒關係

師徒關係是金剛乘修道上極具爭議性的話題。在確認這點之前，切莫輕易邁入金剛乘修道；一旦進入金剛乘，就盡可能不要讓師徒關係受到損害，玩這種遊戲是非常危險的。

如果不想讓這趟危險之旅太過驚險的話，最好的方式便是盡可能在修道初期就好好檢驗自己的上師。要謹慎分析、檢驗，努力經營這段關係，然後才做出結論。如果你一開始就詳細觀察，根據適當的分析來做結論，這趟旅程相對上就不會那麼驚險。這就是金剛乘修道上應多加留意的訣竅。

金剛乘傳承的開示中，有許多方法幫助我們檢驗金剛上師的功德。簡單來說，金剛上師的第一個功德便是「持戒」。這意味著，無論這位上師持守的是小乘、大乘或金剛乘的誓戒，他應該保持戒體的清淨。第二個功德是，這位上師已在持有傳承的上師座下，領受過完整的金剛乘傳承灌頂和教訣傳授。這可不像新時代靈修老師所給予的灌頂和傳授，而是從持有傳承的純正上師處，領受到整個傳承。第三個功德是，金剛上師圓滿持守了自己的上師三昧耶，換言之，他從未違犯對上師的承諾。第四個功德是，金剛上師必須具足大悲心，沒有侵略心，不激進好爭。以上即是金剛上師的主要功德。

金剛上師對自己開示的內容也必須有所體驗，而不是到圖書館挖出一堆書，東拼西湊，把資料寫在提示卡上，到了開示現場就對學生做開示。金剛上師絕不是這樣，相反的，他開示的是他的上師所教導的法教，自己善加修持且已有了甚深了悟，或至少已經有了體驗。這就是所謂的好上師。

佛教有一些基本的智識性法門，是檢驗上師、修道和行者自身的好方法。倘若能在直覺和概念心之間找到平衡，以此中庸之道來進行分析，無庸置疑地，我們便會找到正確的道路和眞正的上師。但如果走入其中一個極端，就會產生很大的問題。

追隨金剛乘修道的適當方式，首要是生起信心。生起信心後，我們便可以邁入這條修道、開始這趟旅程。因此，修持金剛乘的前行準備，必須先詳加觀察自己的內心和基本修持，以及自己對佛法的基本瞭解。我們必須仔細思維自己對上師、法教和修道有什麼瞭解，透過這些思維，便能生起眞正的確信、信任和信心。

有時，我們會誤以爲金剛乘不容許個人有任何懷疑的想法，其實不然。要一個人不准生起任何疑竇，那是非常危險的說法。佛陀曾說，質疑即是智慧，追根究柢的心即是智

慧。我們本來就應該對修道和修持抱持著質疑和追根究柢的心，但是也不要過於隨順這些疑竇，以致深陷其中，被它們牽著鼻子走。

另外，要好好思考自己修道的本質、自己在修道上究竟在做什麼，這點也是非常重要的。我們要善加思維：究竟何謂金剛乘、大乘和小乘？仔細想想修行時應如何面對障礙，特別更要好好思考所謂的師徒關係。

仔細想一想自己對上師有什麼期望，這點很重要。這樣我們便會看到，自己對上師投射出多少不必要的想法和念頭。我們會看到自己對上師有什麼幻想，或許是把上師看成佛像、還是看成非洲的雕刻面具、或者其他幻想等等。若把上師看成佛像，那就大錯特錯了。往昔所有的大師都是人類，當今的大師也是人類。釋迦牟尼佛是個人類王子，是印度人——我們常常忘了這點。我們把佛陀當成金光閃閃的佛像，或是木刻的美麗雕像，或是石像。這些都不對，這並不是佛陀。

我們也應該看清楚這些上師都是人類，他們全都在修道上正朝著證悟邁去。史上記載的佛陀則不同，他已經證得正等正覺，但其他人仍舊在邁向證悟的路上，唯一的差異是：

了悟的層次可能有所不同。有些上師已經是十地菩薩，有些則證得其他菩薩地，有些可能還在凡夫地。

要看清楚自己對上師有什麼期待，而自己眞正的需求又是什麼。要看清楚自己期待的是小乘之道的指引、大乘之道的指引、或是金剛乘之道的指引。要仔細思考，然後簡單地走下去。我們尋覓的應該是一條修道，以及修道上的指示，而這就是我們從大部分上師那兒所能得到的。希望是如此！我們要感恩自己得到的一切，但如果覺得上師教導的內容眞的不能滿足自己的需要，還是可以多方尋覓參考。要像這樣善加思維並穩固基礎，這非常重要。如此，我們的修道就會更有收穫，因爲一切都簡單多了——更赤裸直接、更誠實。

我們之前提過，有選擇性地聽聞法教是個大問題，有選擇性地追隨上師又是另一個問題。我們爲什麼跟了一個上師、又去跟另一個上師？因爲某個上師可能愈來愈嚴格，跟我們的自我、煩惱和情緒性的喜好有點衝突。在這種情況下，我們不再喜愛這位上師，於是又跑去找其他上師。我們想要找一個上師來認同我們，說我們想做的事都很正確、說我們的所做所爲都符合金剛乘。

有選擇性的修持、有選擇性的聽聞法教、有選擇性地追隨上師，成了我們修道上的重大障礙。這就是我們無法圓滿修道的原因。我們深陷心理上不滿足的輪迴泥沼中。這種心理上的匱乏感受讓我們不快樂，它本是促使我們學習佛法的原因，但我們又將這個不滿足感帶到修道上，說：「這個開示不夠好、那個法教不夠圓滿。」

大家應該都知道「別人庭院的草皮總是比較鮮綠」的諺語，我們也可以換成另一個版本：「另一條車道總是走得比較快。」外界不一定眞有這回事，反而可能只是我們的心理作用，這就是「不滿足」或「心態上感到不足」。佛陀說，這就是人類的根本痛苦。

我們不應該將這種觀點帶到佛法修道上，這會成爲聽聞和修持金剛乘修道的大障礙。在金剛乘法教中，一不如意就換上師，是不可能即身成佛的。這麼做的話，金剛乘就會變得難以修持。

我想要實話實說，我想要打破大家對金剛乘的迷思和誤解，打破你們帶到金剛乘修道上不滿足和不足夠的煩惱模式。但我並不是說只有你一個人這樣；我們全都如此。

疾病纏身去找良醫看診時，醫生會誠實告訴我們：「你患了這種病、那種病。」想當然爾，沒人想聽這些話，這滿折磨人的。而且醫生或許還會說：「這病可難治了。」我們聽不得這些，只想聽醫生說：「沒啥大問題啦，只是小感冒罷了。把這帖藥吃下去，一小時後就藥到病除了。」

說到上師，情況也相同。如果去找眞正的上師，那可痛苦了。以前我的上師說：「你必須做十萬個大禮拜」，那眞讓我苦不堪言，顯然我根本不喜歡，很希望找到另一位上師告訴我：「只要做一遍大禮拜，你就證悟了。」然而事與願違。

若是不幸遇到蒙古大夫，他可能會說：「沒問題，包在我身上，五秒鐘起死回生。」又或許是保證一小時或三個月後就會痊癒。好不容易經歷了整個療程，花了醫藥費、時間和精力，結果還是沉痾難癒，最後還是得回頭找原來那位良醫，因爲這些蒙古大夫並沒有妙手回春，除去我們的頑疾。我們遲早都會發現蒙古大夫的方法毫無效用，只是一場虛幻戲法罷了。我們必須回頭面對自己感染頑疾的痛苦事實，面對頑疾不易痊癒的痛苦事實，面對自己需要經歷繁複療程的痛苦事實，好比動手術等等。

同理也適用於佛法修道。事實是：我們已罹患自我中心的我執頑疾，即使步上純正修

道、追隨純正上師，也沒那麼簡單就能迅速治癒。事實就是如此，我們必須實際一點。我們應該透過信心和確信，更加專注在傳承本源上，遵循上師各種折磨人的指示，這是治癒我執之病的不二法門。聽起來很令人洩氣吧？我想應該是的。不過，幸好還有「百憂解」❸聊以安慰。

弟子：這麼聽起來，就是要全心信任，但我要怎麼處理概念上的質疑呢？

仁波切：其實應該先保持質疑的心。你必須先觀察、檢驗上師，必須觀察、檢驗自己的修道，也必須觀察、檢驗這個傳承。這是非常重要的一環。透過檢驗和分析，那種質疑的心應該會開始生起一些信賴感或信心。但質疑要有限度，這個限度是以某種程度的信賴和信心爲基準。佛陀說，若是讓質疑心永無止盡地延續下去，你可能會變成偏執狂。

然而這並不代表我們不能提問，而是說要讓質疑心變成好奇心、追根究柢的心。佛陀非常強調好奇心。當你的質疑心終於對金剛乘有了某種程度的信賴和確信時，就變成了信心。然後，你便以這個信心繼續自己的修道之旅。你仍然可以提出很多問題和異議，這完全沒有問題，重點是不要失去對甚深眞理的信心。

弟子：我最大的問題就是信心，我應該怎麼做呢？

仁波切：根本上來說，如果要讓自己透過了悟的境界而覺醒，會需要大決心和樂意達成此目標的動力，也需要對自心、修道和了悟有信心。沒有這樣的信心，再怎麼努力也沒用。這就好比有人一直說要去尼泊爾，說了二十年，卻從未下定決心一樣，他們從來沒有眞正去過。他們嘴上或許說自己很想去，因爲大家都在談論這件事，或因爲大家都去過了，但是他們卻從來沒有下定決心眞正成行。

❸百憂解是一種治療憂鬱症的藥物。仁波切開開玩笑，緩和氣氛。

第二部

大圓滿

大圓滿

本願文源自大圓滿密續（Dzogchen Tantra）《大圓滿能顯普賢王如來洞察智密續》（*Tantra of the Great Perfection Which Shows the Penetrating Wisdom of Samantabhadra*）。這部密續還有較短的藏文名稱：《洞察智密續》（藏：*gongpa sang-thal gyi gyü*，The Tantra of Penetrating Wisdom），另一種譯法是《超觀密意密續》（The Tantra of Transcendent Intention）。本篇願文的英文名稱則譯爲《普賢王如來祈願文》（The Aspiration of Samantabhadra），這是大圓滿傳承本初佛普賢王如來的祈願。普賢王如來的梵文是薩曼塔巴札，藏文是袞督桑波，祂是法身正覺佛，是眞理的證悟身。

「大圓滿」（藏：Dzogchen）的藏文譯音爲「卓千」，「卓」是指「圓滿」或「完成」，也可以是「耗盡」或「空盡」的意思；「千」則是「大」，因此，卓千二字的意思就是「大圓滿」、「大完全」、「大空盡」，是一種完全自在解脫的境界。在這個階段，行者的我執和煩惱起伏已完全空盡，因此稱之爲「大空盡」。我們也稱之爲「大完全」，因爲在這個境界中，佛智是完全圓滿的，證悟的各個面向已完全具足，這個境界中什麼也不缺。最後，由於自心其實從未被染污，一直都處於完全清淨的狀態，因此稱之爲「大圓

滿」。

若要更完整傳達卓千的意義，「完全的終點」或句點（full stop）可說相當傳神。這個句點是一個極小卻極具威力的點，我們說，它是完全的終點。其中有「完全」的意思，因為這個「點」有著完整和充足的循環形式；同時，一切也在這裡終止了，一切都不超過這個點之外。

卓千的意義就類似這樣。一方面，它有「充足」的意思，所以才會提到「完全」這個用法。但它也有「停止」或「終止」的意思，也就是之前所說的耗盡或空盡；整個輪迴的展現都耗盡了，空盡了，就在那兒終止了，不再超過這點。由此可知，卓千就是一個巨大的、完全的終點。這個簡單的點，這個稱為「完全的終點」的句點，蘊含了發人深省的意義。所以，從今起，每當看到「句點」，就想想卓千大圓滿吧！

大圓滿傳承源自於法身佛普賢王如來。在唐卡繪畫中，我們通常會看到普賢王如來在蓮花生大士頂上，有時會看到單尊的普賢王如來，另外還有環抱普賢王如來佛母的雙運像。普賢王如來的形象和輪廓，看起來與釋迦牟尼佛一模一樣，但身色深藍、赤裸、沒有穿戴任何衣飾。祂是完全赤裸無遮的實相。

本初佛普賢王如來教導了大圓滿密續，祂藉由非言語的方式，將這些教法傳授給報身佛金剛薩埵（梵：Vajrasattva）。金剛薩埵又傳授給持明的化身（梵：nirmanakaya vidyadhara），也就是化身爲人類的一位上師「嘎惹多傑」。嘎惹多傑出生於印度東北方的鄔迪亞那王國，也是蓮花生大士的出生地。鄔迪亞那王國有一位偉大的法王，名爲阿育王（梵：Ashoka）。這位阿育王，並不是我們一般所聽說在鹿野苑建造一座佛塔的那位阿育王，他生於更早的年代。阿育王有一個女兒，名爲帕哈達妮公主（梵：Prahadhani）。

公主當時待字閨中。一天，她在幽靜的湖泊中沐浴時，一隻美麗的白天鵝靠近她，以鵝喙碰觸了她的心間，接著她便有了一些定觀。之後，公主顯然是懷孕了。大家對這種不可思議的故事應該有點熟悉。要記得，我開宗明義已經先說明，眞理不可思議，無法透過概念理解。

公主生了一個可愛的兒子，但因爲這個懷胎過程太不可思議，讓她誤以爲孩子是個邪魔。她將孩子丟到垃圾堆中，這種事在我們的世界也常發生。

小嬰孩在垃圾堆中存活了四十九天，不僅存活下來，還異常可愛動人，大家就決定，這孩子一定有其特別之處，便開始養育他。這個小嬰孩就是後來的嘎惹多傑。

嘎惹多傑是大圓滿傳承的第一位人類上師，是本覺傳承（藏：Rigpa Lineage）的首位人類持有者，他直接從報身佛金剛薩埵那兒領受到所有大圓滿密續的傳授和教導。嘎惹多傑將整個傳承傳授給他的心子——印度瑜伽士文殊友（梵：Manjushrimitra），文殊友又將傳承傳授給師利星哈（梵：Sri Simha），他是一位住在印度的中國瑜伽士。師利星哈又將之傳授給我們熟知的上師蓮花生大士（梵：Guru Padmasambhava）。

這些傳授發生的過程非常令人驚異。舉例來說，當師利星哈大師將傳承傳授給蓮花生大士時，據說他把蓮花生大士變成種子字「ཧཱུྃ」（Hūṃ 吽）的形狀和大小，也就是說，蓮花生大士成了一個小小的種子字。師利星哈將這個吽字放在舌頭上吞了下去，蓮花生大士又從「另一頭出口」跑了出來。此時，蓮花生大士便完整領受了大圓滿的傳授，也得到了阿底瑜伽的圓滿了悟和體驗。這是多麼不可思議！我想這可說是瘋狂極了。

師利星哈也將此傳承傳授給毘盧遮那（梵：Vairochana）和無垢友（梵：

Vimalamitra）。之後，蓮花生大士、毘盧遮那和無垢友三位大師都來到西藏，將大圓滿的金剛乘傳承帶到西藏這塊土地上，讓這個教法深植於藏地，深植於西藏文化和語言當中。自此，我們便有了大圓滿密續的不間斷傳承，其中包含本書主題「普賢王如來祈願文」。正因爲如此的傳承和傳授，此願文跟大圓滿修持與教法的連結，尤爲深厚。

金剛乘也稱爲密咒乘（梵：Secret Mantrayana）。之所以要保持秘密，是因爲會有誤解的可能，自己可能會誤導自己而走入歧途，與我們原本想趨向解脫的發心背道而馳。因此，這些教法被秘密保存著，只有在一位「金剛乘上師」和一位「金剛乘弟子」之間才會被傳授出來。

有時我們也說密續教法是「自秘密」，不一定是被誰藏起來才叫秘密。說它是「自秘密」，因爲密續的語言是秘密的、密續的象徵符號是秘密的、密續的修持是秘密的。自己研讀密續時，你會發現很難理解；去看唐卡繪畫上的法相時，你會想：這些神佛有著動物的頭，那是什麼意思呀？這些都是秘密象徵。同理，如果你要修持密續，這也是秘密的。我們每天都得睡覺，但睡眠卻從未成爲我們的修持；我們一生當中不知做過多少夢，但夢

境也從未成爲我們的修持。在密續中，這些都可以是修持，是自秘密的修持。這個秘密必須藉由「傳續傳承」才得以揭露。

基本上，所有的密續都被空行母保護著，有時很難得到祂們的許可。我們生活在民主自由的國家，或許可以從一般書店中買到這本書，大家都讀得到，但這並不表示你是以金剛乘的觀點在研讀。光是知道如何解釋一些話語，並不表示眞的在教導大圓滿；光是禪修什麼本尊觀想，也並不表示我們眞的在修持大圓滿密續。

我剛剛提到的「許可」，指的是「密咒乘的許可」。這是個能讓我們暢所欲言、盡情修持和了悟的許可。我剛剛說的也不是什麼美麗小天使，而是「空行母」，這是迥然不同的。因此，我希望我們可以得到許可來研讀和修持這些教法。

普賢五相

首先是願文的標題「普賢王如來祈願文」（The Aspiration of Samantabhadra）。藏文將梵文的普賢王如來 Samantabhadra 翻譯爲袞督桑波。「袞督」的意思是全然地、十足地、純粹地，「桑波」則是良善或仁慈，因此，袞督桑波的意義就是「完全清淨」、「盡善」、「萬分仁慈」，也可以說是「全然清淨」、「至善」、「全然仁慈」或「自心本性」，佛學名相則爲「普賢」，也就是完全善妙、完全賢善的。這指的是我們的根本清淨性，亦即現象完全解脫自在的根本狀態。這是一切現象（萬法）的根本狀態，是我們日常生活經驗的根本狀態。這個根本狀態，我們稱之爲「普賢王如來」，也就是所謂的「本初佛」。

本初佛或普賢王如來完全清淨、完全解脫自在、完全良善。這是自心的根本本性，是生命的根本狀態。這個完全賢善的「普賢境界」不僅是內在，也展現於外；仰望天空時，你會發現相同的清淨性、相同的良善和解脫境界，發現相同的普賢王如來本源。同樣的，看著任何外境時，我們也會發現相同的清淨境界。由此可知，「袞督桑波」普賢王如來即是一切現象的根本本性。

衮督桑波有五個不同的面向：普賢五相，亦即以五種不同的方式來瞭解萬法全然清淨、完全善妙、完全賢善的本性。普賢第一相稱為「敦巴衮督桑波——普賢上師」（藏：**Tönpa Kuntuzangpo**）。「敦巴」的意思是上師或導師，也就是引見修道者、引見自心本性者、引見萬法本性者；這是指為我們引見修道、住於此完全清淨盡善之究竟境界的普賢王如來。普賢上師教導我們清晰精確的法教，讓我們體會到，萬法皆為普賢上師的示現。

普賢第一相指的是普賢王如來本身——上師；這是法身上師，但以報身佛和化身佛的形式示現。這些都稱為普賢上師，是本初清淨、仁慈、善妙、全然離造作（離戲）的。總而言之，衮督桑波的第一個面向就是本初佛，就是證悟的上師。

普賢第二相稱為「檢衮督桑波——普賢莊嚴」（藏：**Gyen Kuntuzangpo**）。「檢 Gyen」的意思就是「莊嚴」或「飾品」，「衮督桑波」就是先前所說的「全然清淨」。普賢莊嚴指的是證悟大師於證悟之道上所教導的佛法開示，這些法教就好比上師的飾品或象徵。在大部分的文化中，飾品大多戴在頸項上，跟頸子或喉部很有關連，某方面來說，這也是言語的中心。

法教的本性也是全然清淨、全然善妙。深入詳說的話，可以細分爲不同類別的法教，它們全都是善妙、殊勝的。所以，翻譯成「全然善妙」確是恰到好處，這顯示了我們正在探討的修道或修道上的教訣，它們的本性同樣也是本初正覺。因此，這些言教並非只是普通的言語，而是正覺或證悟的精髓。

我們一般都是透過言語而得到法教的傳授；透過言語，我們獲得證悟的教訣；透過言語，我們可以和化身佛證悟者溝通。這些言教的本性也是本初佛的本性，是覺醒或正覺的境界，它們如同普賢上師圓滿清淨佛一般清淨。以上即是普賢第二相：普賢莊嚴。

普賢第三相稱爲「朗木袞督桑波——普賢道」（藏：Lam Kuntuzangpo）。「朗木 Lam」就是「道」。普賢道指的是大圓滿之道，意思是：此「道」從一開始就是完全清淨、善妙、殊勝的。不僅普賢上師和普賢莊嚴是清淨圓滿的，「道」也是清淨圓滿的。這意味著「道」並非是「因」，在大圓滿中，「道」本身就是「果」。因此，「道」是完全清淨、純正和善妙的，「道」就在普賢境界中。

金剛乘修道也被稱爲「果道」或「果乘」，因爲我們並非是修因而產生果，反而是以果爲道用。所以說，金剛乘是極具威力的一趟旅程。普賢遍滿了各個階段，從最初的「止」，乃至最終的「止」，都是普賢境界，亦即全然清淨善妙的狀態。因此，這條修道的本性與本覺的本性，兩者無二無別。

接著要說的是普賢第四相：「日巴袞督桑波——普賢本覺」（藏：Rigpa Kuntuzangpo）。我們在修道上所要了悟的，就是本覺，亦即赤裸無遮的覺性。此赤裸無遮的覺性——本覺的狀態，也是普賢境界。它原本清淨、完全清淨、全然清淨，我們稱之爲普賢本覺。

普賢前三相是關於上師、法教與修道，普賢本覺指的則是行者。本覺即是我們的自心本性，自心本性即是本覺。因此，本初佛並非在外界，本初佛就在我們內心。說到本覺，指的就是證悟或正覺的根本境界。因此，無論是在普賢王如來的果位層次，或是在行者的修道層次，普賢王如來和普賢行者的赤裸本覺之本質，兩者毫無二致。

本覺有著敏銳和眞摯的功德特質。在眞摯之中，沒有任何僞裝；因爲超越了各種造作，便到達赤裸無遮的層次。大圓滿文獻中提到「普賢樂與普賢苦」——快樂全然清淨，

痛苦也全然清淨。在普賢究竟虛空中，苦樂毫無差別，就像內外亦無所差別一般。這些全都在相同的大圓滿廣境——普賢界之中。這個完全清淨善妙的狀態「普賢境界」，即是一切現象的基礎狀態，無論是內是外，無論是苦是樂，無論是煩惱或遠離了煩惱，在大圓滿中，這些全都含括在普賢境界裡。

大圓滿修道上所有行者的自心本性，與這個赤裸覺性「本覺」的本性無二無別、與佛果本初境界的本性無二無別。換句話說，本覺即是我們要達到的了悟。所以，普賢第四相即是普賢本覺，自心本性。

普賢第五相稱為「託巴袞督桑波——普賢了悟」（藏：Togpa Kuntuzangpo）。「託巴Togpa」的意思即是了悟。普賢了悟的意思是，此了悟是完全清淨、本初清淨的。本覺是根，對本覺的了悟即是果。這是原始的體驗，也是原始的了悟；這意味著，我們對普賢本覺的了悟並非是新造的。

我們通常認為禪修到某種程度後，就會達到某種新的境界；但根據大圓滿教法，這個了悟我們一直都有，本來就有。這就是為何它是全然清淨的、是原始的了悟。總之，這就是普賢了悟，是最究竟的結果。

我們可以運用上述五種方式來看普賢境界。「普賢王如來願文」就是源自本初佛普賢王如來的這五個本源道理，而我們所渴求的，就是成就這個普賢境界。

認出本覺

我們的心本來就在本覺的狀態中。無論經歷何種心境，厚重的無明愚癡也好，火冒三丈的瞋恨也好，我們都不曾離開本覺的狀態。我們的心一直都在本覺之中，但我們卻不一定時時有所覺察。

無所覺察時，這個本覺體驗就無從延續。本覺遠離概念❶的體驗、本覺智慧的閃現，總是被中斷，這個「中斷」，就是所謂的「覆蓋」或「遮障」；了悟則是完全克服這種中斷的狀態，如此，本覺的體驗便能相續不斷。

就大手印而言，密勒日巴尊者說，在兩個概念性的妄念之間，可以體驗到離概念的智慧。也就是說，兩個念頭之間，有著一剎那的離念智慧。我們總是沒察覺這個狀態，常常擦身而過——錯失離念智慧，我們還滿拿手的。

一旦有了一瞥本覺的體驗，我們對於修道、法教和了悟，便有了更強的信心和確信。

❶ nonconceptual，指的是非概念性的狀態，傳統佛學名相一般說為「無念」。究竟而言，無念並非毫無念頭的存在，而是超越了概念性思維的妄念。

如此一來，這就不再是理論，而是親身的經驗。某些人確實較容易有這樣的瞥見，但一般人很難領會到這樣的體驗。這種瞥見的體驗，來自於你在上師座下所受到的直指心性，然後，你便會產生確信定解。當我們從金剛上師那兒得到直指心性，並眞實地親身體驗時，這已經不是臆測了，我們不會說：「喔，也許我證得了，也許沒有。」任何猜測都不需要了，因爲體驗是如此直接了當。

在大圓滿傳承中，透過弟子的虔敬心——對不可思議之本覺及本覺傳承上師的信賴和信心，融合上師直指本覺的灌頂傳授，弟子便得以體驗到本覺的閃現。這並不表示自此以後，弟子對本覺的體驗就不會中斷，但若能不斷滋養已於內心生起的這個瞥見，它便能發展爲成熟的本覺初體驗。

本覺體驗的離概念境界來自於虔敬心。我們可以說，本覺的體驗即是上師的了悟，而當我們對上師投以信心、虔敬和信賴時，當我們聆聽上師的教訣、充分領會教訣的境界時，便會體驗到本覺赤裸無遮的本性。因此，虔敬心在體驗本覺的過程中，扮演了異常重要的角色。

就某種意義而言，虔敬心是可以被教會的，就好比悲心可以被說明一樣，我們同樣也可以用這個方式來解釋虔敬心。首先說明的是二元的悲心。二元悲心即是：看到有人受苦，心中感到悲憫；接著是究竟的悲心，也就是：諸佛遠離一切參照點且超越二元的悲心（無緣大悲）。

同理，我們也可以說，虔敬心有「概念性」和「非概念性」的不同面向，透過概念性虔敬心，才生起了非概念的虔敬心。當你的信心開始展現更高度的正念和覺性時，透過生起虔敬心的過程，信心便會全然成熟展露。信心展露完全成熟的狀態，與本覺的體驗可能毫無差異。終極而言，我們要確信的就是本覺，也就是普賢境界，而這就是我們所要了悟的。

大圓滿或大手印的法門並不複雜，相反的，非常簡單。重點就是認出自己的自心本性。關於這點，大圓滿有一個很簡單的禪修，大手印也有一個簡單的方法，主要的重點就是往內觀照，而不是向外攀緣，如此便能了悟。這麼做到就會產生作用，所以說，它其實很簡單。

大手印和大圓滿都說：「正因它是如此接近，以致於無法認出。」就好比我們的眼睛，眼睛無法看到眼睛自己。岡波巴大師說：「正因如此簡單，反而無法相信。」如果我只是告訴你：「很簡單，看著你的心，這就是佛！」這令人很難相信，也很難領會。

人心有個問題：總喜歡複雜的東西，我們對複雜的事物上了癮。如果有人展示極其繁複的事物，我們就覺得很深奧；我們以爲難以理解的事物，勢必高明無比。如果是簡單容易的事物，我們便說：「喔，這實在不怎麼高明。」正如岡波巴大師所說的，太簡單了，我們反而不相信。

這種現象在現代社會中比比皆是。打個比方，如果用清淨單純的發心在現代社會中教導佛法，不收供養、也不收費，大家就覺得：「奇怪了，他可能別有居心，或許想販賣什麼產品，或許是什麼宣傳手段。」相反的，如果一個週末課程所費不貲，好比某些新時代團體的活動，就會有成千上萬人去參加。由於收費昂貴，大家就覺得高深莫測。

有時，人心的運作正如岡波巴大師所說一般。過於簡單，我們反而沒有信心；過於接近，我們反而認不出來。因此，繁瑣的修道其實是因應我們的心而製造出來的。大家別誤會，我對新時代團體沒有惡意，舉他們爲例，並非說他們都是錯的、不好的，只是藉由指出這些差異來澄清金剛乘的道理，如此而已。

弟子：本覺和普賢境界有分別嗎？

仁波切：我們可以透過檢視普賢五相來瞭解其中的不同。舉例來說，本覺和普賢本覺是不分離的，但是本覺和普賢了悟有著些微的分別，普賢了悟就是本覺毫無遮蔽的狀態。當我們說到「自己和眾生心中的本覺」時，指的是暫時被遮蔽的本覺，這個狀態和普賢本覺的狀態是無二無別的，但是它尚未成爲普賢了悟。儘管它們根本上都是相同的，但是眾生的本覺比較屬於是隱藏的潛力，是尚未完全被揭顯的一種根本狀態。

弟子：爲何這些教導聽起來很簡單，修持起來卻很困難？

仁波切：看看許多大成就者的生平故事。他們並不是第一次或第二次就領會了，沒有領會的時候實在數不勝數。舉個例子來說，那洛巴領受帝洛巴大師的教導時，他也沒有當下頓悟，這是需要時間的。後來帝洛巴大師終於受夠了，脫下自己的鞋子，往那洛巴的額頭使勁打了一記；那洛巴幾乎是不省人事，這時，他終於了悟了。無論所花時間長短，總之，方法就是很簡單。

修持很簡單，就像空性教法一樣簡單，但最後爲何卻變得如此撲朔迷離呢？爲何中觀教法複雜得如此令人頭痛呢？這是因爲我們的概念就是那麼複雜、因爲這些需要被超越的概念就是那麼繁複詭譎。所以，中觀、大圓滿、大手印教法或許看似複雜，但其實是因爲我們自己需要去除的種種狀態，才會變得這麼複雜。

我們自己的心態使得法教變得複雜了，法教本身其實並不複雜。中觀很單純直接，說的不外乎是空性（梵：shunyata）。大圓滿很單純直接，說的不外乎是本覺；如果了悟本覺，你就成佛，如果沒有了悟本覺，你就是個迷惑的有情眾生。這就是大圓滿。

大手印的道理相同，如果了悟平常心（藏：*thamal gyi shepa*），你就成佛；如果沒有了悟平常心，你就是個迷惑的有情眾生。要了悟平常心，就必須斬除概念執著網；爲了斬斷概念執著網，我們需要複雜的中觀邏輯；如果這發揮不了作用，尚有大手印禪修；如果這還不管用，我們還有大圓滿教法。

有時，這些教法發生不了作用，是因爲我們的煩惱垢染過於複雜。若是如此，修持方法就會變得比較複雜，但是基本上，法教和修持本身是非常直接了當的。

第三部

根

吙！

顯有輪涅一切法，一根二道與二果，覺與無明所變現。

由我普賢廣大願，令眾於此法界宮，現前圓證佛正覺。

萬法之根乃無為，自生廣大離言銓，輪涅二者名亦無，

覺了彼性即佛陀，不了眾生轉輪迴。

普願三界有情眾，皆悟離言之根義。

根本清淨

本願文開宗明義說的是輪迴與涅槃的根本清淨，我們祈願能了悟「輪迴與涅槃的根本狀態是同一純正本質」。偈言以「伙」開始，這個字是「無二元之語」的一種表達。藏文中，我們說這是「無言之言」（藏：*jö tu me pay jö pa*），也就是離言說之語。「伙」也可用來表達驚訝、無二元的喜樂，也就是「噯嗎伙」的「伙」字。大家應該聽過金剛乘經論中的「噯嗎伙」或「啊伙」，這些同樣都在表達自己體驗到某些奇妙的根本感受，例如感到愉悅喜樂、或在自己的根本瞋恨中體會到赤裸本覺等等。這個字所要表達的是一種原始根本的喜悅，有時這種原始的喜悅伴隨某種震驚的經驗而來，瑜伽士用這些字眼來傳達自己對某種奇蹟或奇妙經驗的領會和享受。

這種喜樂的根本體驗不一定來自修道上的順境，也可能隨著瞋恨、嫉妒、貪欲、侵略心或傲慢的體驗而來。「伙」表達了一種根本的滿足感，也就是跳脫了輪迴中根本的不滿足感。

緊接著「伙」之後，是對「根」的第一個說明。

顯有輪涅一切法，一根二道與二果，

一切有所顯現與存在的，這輪迴與涅槃，
有著一個根基、兩種道途與兩種果位，

「顯」或「有所顯現的」指的是輪迴存在的處所（容器 container），佛學名相是「器世間」，也就是共業的經驗，是六道各種界域中的共同體驗。器世間對我們而言，基本上是相同的。你看到這張紙，我也看到這張紙，同樣的，當我們看到科羅拉多美麗的洛磯山脈，特別是日出的美景時，也都覺得壯麗動人。這是我們大家共同的經驗。「有」或「存在」指的則是存在於六道中的眾生，佛學名相爲「情世間」，好比人道、畜生道等等；依著不同的共業，不同的眾生體驗屬於他們的共同世界。舉例來說，居住水中的生物，無論是生活在海洋、湖泊或河流中，牠們對於「水」有著共同的體驗；翱翔空中的飛禽，也有牠們生存在空中的共同經驗。這類根本體驗就是此處所說的「顯有」或「一切有所顯現與存在的」。情世間與器世間包含了輪迴與涅槃的一切，亦即輪迴中的所有經驗和涅槃的所有經驗。輪迴（梵：samsara）即是不認識自己的根本本性，也是法國一種香水的品名。基本上，輪迴即是透過我執來體驗現象。當我們以我執來經歷人事物，就會有輪迴的體驗。輪迴不外乎如此。

涅槃（梵：nirvana）即是遠離了一切痛苦熱惱，同時也是一個搖滾樂團的名字。涅槃是自心本性的體驗，有著自由解脫和寬坦廣闊的特質，涅槃也是自心之本善本性的體驗，是無我的體驗，也就是如實見到萬法的本貌。

普賢王如來告訴我們，輪迴與涅槃的一切——所有的迷惑和所有的智慧，都來自同一根源；也就是說，這一切都來自讓所有現象生起的相同根基。此相同根基也被簡稱爲「根」。在大圓滿中，根的作用就是生起所謂的「輪迴」和「涅槃」，此兩者都從這個相同的根基生起且顯現出來。

「根」還有另一個解釋——經教乘和金剛乘皆來自同一根源，因此稱之爲「一根」；經教和密續之「根」的基礎，即是本初的空性。根據大圓滿和大手印傳承，此「根」即是自心的阿賴耶本性，所以這裡的「一根」指的是：所有經驗都從同一根基展現而出。這本初的阿賴耶（梵：**alaya**）與大乘所說的空性無二無別，也與大手印見地所說的平常心毫無二致。

我們可以從兩種不同角度來看「一根」：這個根基可以展現爲「阿賴耶識」（梵：**alayavijnana**），也可以是「阿賴耶智」（梵：**alayajnana**）。探討「佛性」的研究中，有很多有關阿賴耶智和阿賴耶識的討論。我們可以從不同的途徑來看這個「一根」：從一個角度來看，這是「識」，從另一個角度來看，這是「智」。

就大圓滿的觀點而言，心就是一個根本的心流；以大乘觀點來說，「心」分爲八種不同的心識；以小乘觀點來說，心分爲六種不同的心識。去看這個心時，它是展現爲輪迴心識的一個相續之流。此外，這八種心識也展現爲五智。因此我們說它是「同一根」。能認出它，它就是智慧；認不出，它就是心識。從這個觀點來看，它就是這麼簡單。所以願文說道：

顯有輪涅一切法，一根二道與二果，

輪迴和涅槃肯定是兩條不同的道路。我們都知道，輪迴之道肇始於無明，接續著重複不停的十二緣起，顯然的，這就是前往輪迴的道路。如果跟著無明走，環環相扣的妄念便會帶我們進入不同的情緒遊戲，以及輪迴道途的煩惱毒。

若是以大圓滿來追隨涅槃之道，我們便踏上了九乘之旅。首先是聲聞乘與獨覺乘，此兩者屬於小乘；然後是菩薩乘，也就是大乘；接著是密續之道的事部密續（Kriya Tantra）、行部密續（Upa Tantra）和瑜伽部密續（Yoga Tantra）；再來則是大圓滿密續的大瑜伽部（Mahayoga）、阿努瑜伽（Anuyoga）；最後是阿底瑜伽（Atiyoga）。❶就大

❶以上五個名相的都是梵文。

圓滿而言，九乘之旅即是到達解脫的道路。

在寧瑪派大圓滿教法的九乘之旅中，我們說「根」即是中觀，「道」即是大手印，「果」則是大圓滿。頭三乘是經教乘，經教的最高見地即是空性，也就是中觀。在「道」的階段，則有外密續、內密續和秘密的密續：事部密續、行部密續和瑜伽部密續。這三乘的見地則是大手印。

到達九乘之旅的最後三乘大瑜伽部密續、阿努瑜伽部密續和阿底瑜伽時，見地則是大圓滿。從某方面來說，九乘之旅就像是根、道、果一般，我們可以說，根即是中觀，道即是大手印，果則是大圓滿。

我以前教過這些內容，一些噶舉行者聽了有點不悅。這很奇怪，他們其實並沒有想清楚，因爲無論果位有多高深，缺了「道」也到達不了果位。這就好比無論摩天大樓有多高，沒有電梯或樓梯，根本到不了頂樓。無論豪華的閣樓景觀有多麼重要，都需要倚賴地基；沒有地基，就不可能會有豪華的閣樓。因此，沒有根，不會有道，沒有道，就不會有果，這意味著三者同等重要。有人不了解這點，反倒怫然作色，這是因爲他們執著了「果位比較高深」的概念。他們之所以感到不悅，是因爲陷入了階級制度的輪迴鬧劇中。其實根本不需要不高興，因爲根、道、果是不分軒輊的。

若分別就經教乘和金剛乘之旅來看「道」這個部分，則有許多差異。經教乘的「道」有小乘法門和大乘法門。金剛乘中，大圓滿之道中則有形形色色的密續法門，這些法門與經教乘法門非常不同。道的根本元素不可能有南轅北轍之別，但是所採用的法門或修持方法卻大有不同。因此，這裡提到二道有同一根，意思是來自同一根源。

有一則非常有趣的笑話：一位大手印大師和一位大圓滿大師在辯經。大圓滿大師說：「大圓滿深奧多了，這是最高深的修道、最高深的乘別，再沒有比這更高深的。睡中修也證悟，醒時修也證悟，即使不修，只要有業緣也會證悟。所以大圓滿高深多啦！」這時，大手印大師便說：「喔，聽起來滿棒的，但是大手印教法提到『一刹那』。在一刹那中，如果能認出本性，你就在同一刹那證悟了；如果沒認出來，你就是迷惑的。所以，大手印直指心性更具威力，因爲一刹那之間就可以證悟，既不用睡中修，也不必醒時修，更不用在輪迴業中流連才能證悟。」

本願文與大手印教法「認出一剎那」有著異曲同工之妙。隨時隨地，只要認出一切種識或阿賴耶識的「本性」，就是證悟，就是正覺。這就是佛五智。認不出時，就只是大乘所說的八種心識，或小乘所說的六種心識。

兩種道路帶我們到達輪迴或涅槃兩種不同的結果。其一是心識之道，這會讓我們得到輪迴顯相和輪迴痛苦的結果；另一則是智慧之道，能帶領我們到達解脫輪迴的正覺果位。

換句話說，兩種道路與阿賴耶的兩種不同面向是息息相關的。第一條道路稱為「阿賴耶識」，亦即認不出心識的根本狀態、認不出心識自身的各種展現。第二條道路是「阿賴耶智」，也就是認出阿賴耶的本貌和展現。不識阿賴耶識本性的道路，讓我們得到輪迴的結果；在這條道路上，我們完全困頓在愈來愈深的二元循環中。一旦認清自身的展現其實就是阿賴耶識的本性時，就會得到了悟無我、自心無二元本性、智慧、涅槃的結果。所以，這兩條道路會帶領我們到達不同的結果。

由此之故，許多大圓滿和大手印大師都說，大手印和大圓滿的見地和教法比較相近於中觀「他空見」。他空見使用很多唯識見（梵：Yogacara，瑜伽行派）的名相，例如「阿賴耶」等等，很多術語都相同，因此，許多大師都比較喜歡教授與大圓滿和大手印之道有直接關連的他空見。

覺與無明所變現。

這些都是覺性與無明的展現。

願文說道，覺性和無明都是一種顯現或展現。這個展現、這魔術般的幻象，藏文名相是：丘初（藏：*chotrül*），意思是幻變或神變。若是認清了，你就會見到涅槃的神奇幻象；沒有認清，你就會看到輪迴的神奇幻象。

這就好比電燈開關一樣，關掉就暗無天日，就是無明；打開就有了光明，就是看清楚了。關鍵在於自己到底怎麼按下這個開關。此處道理是一樣的，如果認出幻象，深入看清

楚，這就是涅槃；如果沒有認出，反而總是向外看，那麼你的開關就按錯邊了。瞭解輪迴和涅槃之間的轉換開關是非常重要的。

如果仔細探究經教乘和密續乘的不同道路，據說結果還是有差異的。經教乘的證悟不同於密續乘的證悟。小乘之道證得的是阿羅漢果，我們稱之爲少分解脫；大乘之道能證得大乘道的圓滿證悟；密續乘則能證得密續道的圓滿證悟。

基本上，經教和密續的果位確實存在一些差異，因爲對於諸佛的展現，兩方的見地有所不同。在經教乘法門中，諸佛展現爲三身；在密續乘法門中，諸佛展現爲五身。

比較兩者在根本上的差異：經教乘對法身（梵：dharmakaya）的見地是「全然的空性」。月稱菩薩（梵：Chandrakirti）在《入中論》（梵：*Madhyamakavatara*）中清楚說明了，任何心識的相續止滅時，即是法身。但在密續法門中，法身並非只是空性的狀態，並非只是一切皆止滅。法身是「智慧與虛空無二無別」的狀態，智慧的部分在這裡顯得非常重要；法身並非只是空性，而是充滿了各種功德特質。法身饒富智慧的功德特質，然卻又有著廣大虛空的本質，這個廣大虛空界的藏文是「隆」（*long*）。

所以，經教乘所說的法身本性與密續乘並不相同。在經教乘中，法身的特性比較落於空性的一邊；密續則強調虛空和明性的不可分（明空不二或明空雙運）。這個「空性廣大境與饒富功德之明性的雙運不可分」，就稱爲「現覺身」或「現證菩提身」（梵：abhisambodhikaya，藏：*mngon byang gi sku*）❷，此明空雙運即是密續所說的法身特性。

由於法身的特性不同，加持也有所不同。經教乘中，法身以報身和化身展現加持力。密續乘中，加持則透過五身來展現。首先是展現在法身或眞實身（body of truth）爲起源；第二身則是報身（梵：sambhogakaya），也就是受用身（body of enjoyment）；第三身爲化身（梵：nirmanakaya），或說應化身（body of manifestation）；第四身是所謂的金剛身（vajra body，梵：vajrakaya）；第五身便是現覺身或現證菩提身，也就是圓滿證悟之身。這就是法身在經教和密續中的不同點。

報身在經教乘和密續乘中有兩點差異。第一，受用身的「受用」，指的是富饒功德

❷《藏漢大辭典》現前證覺身，寧瑪派密乘所說五身之一。自然明了智中，任運圓滿四身，法身寂然不動，而能隨順所化衆生業力，顯現種種形象，名現證菩提身。

（藏：*yönten*）。經教乘中，報身的富饒基本上指的是善行與善功德的受用；密續乘報身所擁有的富饒，不僅是善根的受用，還包括了現前超越惡業。

第二個差異是教授方式的不同。經教乘報身教導經教法門來超越煩惱，其中包括正向律儀、正向行為和正向的法。金剛乘報身所教導的不僅包含五道十地等正向內容，同時也提供能現前立即面對煩惱的法門。我們的煩惱很頑強，難以調伏，因此，金剛乘報身不僅強調且教導能現前超越煩惱的法門。因此，兩者在教授方式上略有不同。

最後是經教乘化身佛和密續乘化身佛的差異。經教乘化身佛指的是史上記載的釋迦牟尼佛。佛陀的親近眷眾弟子都是善業福報具足的人，他們的業障已淨化到某種程度，才得以親見佛陀，跟隨他，在修道上獲得成就。

大圓滿密續化身佛的眷眾弟子，不一定總是正善之人，也不一定是已生起了悟的修道行者。密續化身佛的眷從弟子混雜了比較多煩惱厚重的眾生，這就是為何會有「密續在末法時代更具威力」的說法；密續的威力增強，是因為我們的心垢染頑強、且完全被煩惱所淹沒。由於這個原因，寧瑪派有許多教法先被埋藏起來，隱藏了好幾世紀。蓮花生大士將這些教法埋藏在不同地點，以便在人心被強大煩惱污染的時代發掘出來。此時此際，這些教法將會產生極大利益。因此，密續化身佛不僅利益到具有善根善業的行者，也利益到那些惡業重重的人。所以兩者終究還是有些差異的。這就是爲何我們說，有「二果」。

由我普賢廣大願，令眾於此法界宮，現前圓證佛正覺。

透過我普賢王如來的大願，
祈願一切眾生都在法界宮殿中
完全覺醒，圓滿證得正等正覺。

願文提到「透過我普賢王如來的大願」，也代表我們要以自己的清淨本性來唸誦這些偈言。我們以自心本性「佛性」來唸誦，自心本性原本就是清淨的，原本就是佛果、就是

普賢境界。透過自心的精髓「法性」（梵：dharmata）的清淨力，我們如此祈願：「願一切眾生都在法界宮殿中，完全覺醒。」

法界（梵：dharmadhatu）的意思就是現象的本性。一般來說，從主客體的關係來看法界的話，它比較像是客體的部分——法身的智慧了悟了法界；法界的本性好比是空性的虛空界，由法身智慧所了悟。法身通常是指佛智，又可分爲「如所有智」（藏：*ji tawa*）和「盡所有智」（藏：*ji nyepa*）。前者指的是如實見到事物本貌的智慧，後者指的是見到現象各種狀態的智慧。

相同的，密續傳統中也有所謂的「金剛界」（梵：vajradhatu）。金剛界即是自心金剛本質的根本虛空；dhatu 這個字的意思就是「界」或「虛空」。就某種意義來說，法界和金剛界都有虛空與覺性合而爲一的意思，藏文是 *ying rig sre ba*，也就是覺空合一或覺空不二。另外尚有金剛身（梵：vajrakaya），也就是證悟或正覺的根本身。金剛身所體驗到的，就是萬法本性的金剛界。

當我們說「透過我普賢王如來的大願」時，並非只是想著普賢王如來法身佛，還要憶念普賢莊嚴的言教、所要追隨的普賢道、歸屬自心的普賢本覺，以及普賢了悟。以此，我們祈願所有眾生都能在法界宮殿中完全覺醒。這個廣大虛空，一切現象的廣大本性，即是輪迴與涅槃幻化神奇展現的宮殿。我們就這麼祈願：「令眾於此法界宮，現前圓證佛正覺。」希望一切有情眾生都能了悟覺醒之心的本性。我們的願望是：了悟到本覺的展現可以顯現為輪迴或涅槃的形式，也祈願一切有情眾生都能認清他們自心明性的展現。

要投射出二元，明性似乎是首要條件；換另一個角度說，二元的產生其實是因為沒有認出這個明性。這就好比需要光線，鏡中才能照出影像一般；同樣的道理，我們也需要光線將影片投射到螢幕上，才會製造出投射者與投射物的主客二元。從此處法教的觀點來看，自心的明性是如此鮮明，強烈到讓凡夫眾生視為主體和客體二元的展現。但是當我們認出那看似客體的實相本質，無異於自心或本覺主體的本質時，就是所謂的證悟、正覺、菩提。當我們真正看到、實際認出這點時，就祈願眾生都能在這個明性有所展現的根本虛空，這法界宮殿中，完完全全地覺醒。

根與果

下一偈願文彰顯了根與果之間的關係。其中說明了萬法的根基就是「非因緣和合」且不可言喻的自生虛空界，或自顯虛空界，既無「輪迴」之名，也無「涅槃」之名。

萬法之根乃無為，
萬事萬物的根基，是「非因緣和合」的，

這一行說明了，輪迴的根本本性與證悟的佛果息息相關。從大圓滿的觀點來看，輪迴與涅槃的根本本性，都是非因緣和合的（無為）。這表示「根」自身既非「因」，亦非「果」。根並非是製造佛果的成因。此處，我們要從小乘和大乘的基本學習中，頓然躍入有點弔詭的大圓滿觀點。

此處所說的「根」，即是自心本性，是輪迴和涅槃之本性的根基。自心本性——本覺的根本狀態，從來不是任何成因或助緣製造出來的，因此我們說，根的本性是非因緣和合的，傳統佛學名相是「無爲」。

「根」另外還有一個層次，被稱爲「童子瓶身」（藏：*gzhon nu bum sku*，youthful buddha in a vase）[3]。童子佛在圓滿證悟的境界中普照閃耀。然而，童子佛尚未展現圓滿證悟的境界，仍舊被「瓶器的暫時垢染」所遮蔽，就好比在厚實容器中的火炬或燈火一般，打開容器後，光芒便會完全展現出來，照亮了燈火所在的整個空間。對於燈火來說，這照明的狀態並非新造，燈火一直都是發亮的。

同理，佛果並非新造。從「根」的觀點來看，佛果並非是新的了悟或是新近成就的。從「根」的本性來說，佛果的圓滿境界展現出自身全部的功德特質。因此，願文描述「根」時，說道：

自生廣大離言銓，輪涅二者名亦無，

自生自顯、廣大且不可言喻，
也沒有所謂「輪迴」或「涅槃」的名稱，

此處的「自生」，指的是本初或原始的狀態。我們無法以言語或概念完全表達出這個境界，這是超越言語或概念的。萬事萬物的本性並不偏向某一邊，它並不侷限於此或彼。萬事萬物的本性是相同的狀態，這個根基、這個本性並沒有任何名稱，諸如輪迴或涅槃之類。這就是「根」，它超越了輪迴和涅槃。不認識「根」，意味著在輪迴中流轉，若是認出它、眞正體驗到這個根基，你就證得了佛果，而這就是「果」，就是修持和修道的結果。

❸《藏漢大辭典》：舊密大圓滿不共理論之一。外起之識回歸於內，內在廣大原始法界，具備自體顯明，勝出因位，差異分明，分明解脫，不從他生，安住本位等六種特性之身及智海，即普賢意。

我們將這起源的「根」稱為「普賢王如來」，也就是大圓滿所說的本初佛。藏文中，我們也稱之為「本淨」（*kadak*）。Ka 的意思是本來或本初，dak 則是清淨。*Ka* 是藏文字母中的第一個字母，因此，*kadak* 指的就是「本來即清淨」。這個字的完整字彙其實是 *Ka ne dag pa*，意思是「從一開始就是清淨的」，這是普賢王如來的境界，是本覺的狀態，也就是無始以來即清淨的境界。此本初清淨自性的境界，大乘稱之為「空性」（梵：shunyata），也是所謂的「離戲」或「遠離造作」。

根，這個離戲純然的根本狀態，即是所有造作的起源。這個清淨的根本境界，有如藝術家的空白畫布。我們在這面畫布上描繪不同的境像。我們可以描繪佛陀的法相，這面畫布就變得清淨、賞心悅目且具有啓發性；我們也可以在同一面畫布上描繪惡魔，這會為我們製造根本上的痛苦。然而，這兩者的基礎其實是同一面單純的畫布，本來很純淨，投射的境像一開始並不存在。畫布本身完全是自在的，無論上面畫的是佛像或魔像，都不影響它原來的質地。這就是起源或原點。

本初清淨的本性，這本淨境界，並非由任何事物和合創造的。也就是說，究竟實相的根本狀態，這基本的「根」，從來不是任何因或緣聚合而成。這本初清淨的本性，是超越任何造作的。它超越了概念架構，也就是說，它超越了任何哲學思想。它也不是任何內在或外在的造物主所創造的；普賢王如來並沒有創造它，往昔諸佛也沒有。因此，無論我們探討的是自心本性或宇宙的本性，本初清淨就存在那個本性中。自心或宇宙的本性，都存在這個遠離概念造作的根基之中，它是本來清淨的。所以說，它很簡單、單純。

本淨本性任運自然地存在著。當我們認出這個起源，認出普賢王如來的最根本境界時，便成為「佛」或「證得涅槃解脫者」；若是錯失這個重點，認不出佛果的這個本初境界，便落入輪迴大海中。因此我們說，輪迴與涅槃皆來自同一起源，同一原點。

所以，兩者本性其實並沒有什麼差異，不同之處就在於覺性或愚癡，這不是很簡單嗎？有時上師們會說，大圓滿和大手印的根本教法就是如此簡易單純；由於如此簡單，大家反而不得要領。由於我們的心充滿了二元和我執的複雜概念，反而把教法變得繁複難懂。

這顯示了普賢王如來透過對自心本淨本性的了悟，證得了佛果，本初佛已見到且認出根的本性並非因緣和合而成的，我們稱之爲「心之本淨本性的解脫大道」。根遠離了修道

上任何勤勇努力的因緣，也遠離了製造果位的助緣，因此得知，根是本淨大解脫自在的自然狀態。

本初清淨性以此廣大遼闊的型態存在著，這個廣大境被稱爲「任運自生界」（spontaneously-arising expanse），也就是自然自顯的狀態，是本初清淨性的一個面向。本初清淨性並非僅只是沒有垢染、我執或煩惱；它有著某種存在性。這樣的組合讓「根」在空性和自然的自顯明性之間有了平衡。本初清淨境界中，有著空性和明性的雙融雙運。

自然的自顯明性，藏文是「任運成就」（*lhündrup*），它一開始就在那兒了，所以詳加瞭解這個明性是如此重要。本淨的本性並不只是清淨、空性和解脫的狀態，它更是自然自顯的廣大境。它並非完全的不存在，而是以原初存在的狀態而存，但這個存在並非是因緣創造出來的，而是自然自生的。

在大圓滿中，我們在修道上要了悟的智慧，打從一開始就在那兒了。這個智慧在根的階段原本就存在。我們可以用不同方式把本淨的根基分門別類，但一般可以分爲三種根基。第一是一般根基（藏：*ji shi*，general basis），第二是解脫根基（藏：*drol shi*，basis of liberation），第三是迷惑根基（藏：*trul shi*，basis of confusion）。本淨即是萬事萬物的根基，是輪迴和涅槃兩者的根基。

根具有兩種智慧。第一種智慧是本淨，這是本初本性的根基，是自心的根本基礎，本來就是清淨的。第二種智慧是任運，也就是自然自生或自顯。這兩種智慧即是難以言喻的根之本性，就是我們所要了悟、體驗的。它們完全超越了言語道斷，我們使用的言語只是達到此境界的方法罷了，它們眞正的狀態超越了任何言詞所能表達。如果你以爲用言語可以完全表達根的這兩個面向，那麼你只是在欺騙自己罷了。

在這難以言喻的眞諦本性中，在這本淨之根中，輪迴和涅槃的標籤毫不存在。這些標籤只是概念和迷妄的念頭罷了。輪迴和涅槃的標籤在根本本性中完全不存在，因爲這一切都是同一根基。

所以，輪迴和涅槃兩者皆從本淨之根起源。這個根自然而然地存在，也就是本淨和任運。在這原初的層次，輪迴和涅槃無二無別；在本淨和任運的境界中，我們不可能把它們說爲或標籤爲不同的事物。

覺了彼性即佛陀，不了眾生轉輪迴。

若覺悟這個道理，便證得佛果。

若不明瞭這個道理，眾生便流轉於輪迴中。

普賢王如來說，若能以本覺認出眞如之根，你便是證悟的覺者；若是沒有認出此根基，抑或忽視或不加理會，因而被念頭的標籤過程吸引時，就是流轉輪迴的眾生。被這些神奇幻象所迷，被我執的小把戲所吸引，就是所謂的輪迴。

要認出此根基，不能光靠嘴上功夫，這並非是聽聽就算或高談闊論一番即可，我們應當在日常禪修功課中試著去了悟它，應該試著在日常禪修練習和日常的覺性中達到這個境界。詳加思考這點實在很重要。

根據大圓滿密續以及大乘教法，究竟實相是難以言喻的。就像佛陀在《般若波羅蜜多經》中強調：智慧的本性超越了言語、超越了概念、也超越了任何表達。別提究竟眞諦和所謂的「根」了，就連相對眞諦（世俗諦）的眞正實相，都無法以言語盡訴。我們可以描繪自己的部分痛苦，但卻無法眞正表達完全。我們也無法形容快樂的感覺。連巧克力苦苦甜甜的滋味都無法形容，我們又怎能形容「根」的體驗呢？

我們很清楚這根本是無法形容的，我們必須透過舉例來拋磚引玉，但嘴裡嚐到的巧克力味道卻是一言難盡。我們得說：巧克力很甜、加了牛奶、有點苦苦的、像苦萵苣等等，我們必須用許多不同的形容詞，試圖表達巧克力的一個簡單滋味，但卻不可能說出那眞正的狀態。

這就是我們努力要了悟的「根」，並且要爲此作祈願。願文說到，「根」即是離言說的自生廣大境，遠離了「輪迴」和「涅槃」的名稱，它超越了輪迴和涅槃。如果認出這個「根」，就證得了佛果；不認識它，就是在流轉輪迴。既然這就是所要了悟和達成的，我們便這麼祈願：

普願三界有情眾，皆悟離言之根義。

祈願三界一切有情眾生

皆能覺悟這不可言說的（萬法）根基的真義。

此處我們要祈願三界之中的有情眾生，都能認出這難以言喻的根，因爲這是他們的自心本性，就是他們所居界域的本性。由於這就是他們的世界的本質，他們並不需向外去尋求，他們所在之處就是了。

「三界」指的是欲界、色界和無色界。我們人道就處於欲界之中，這是無庸置疑的。從佛法的觀點來看，欲界包含了六道：地獄道、餓鬼道、畜生道、人道、阿修羅道和部分的天道。天道又分爲色界和無色界。色界的天人仍有著某種形式的色相，但主要還是安住在三摩地中；無色界的天人則沒有任何物質色相，他們就這麼住於意識三摩地的界域中。以上即是所謂的三界。

從大圓滿的觀點來看，如果你認得出來，根實際上就是果。在此，我們祈願六道一切有情眾生都證得這個無法言喻的根的境界。

弟子：初學階段就面臨許多困境的學生，是否會比不需要面對這麼多障礙的學生，更能成爲善巧有力的老師？

仁波切：不一定。成爲一位好的老師，端賴於自己的發心。如果你有很強、很清淨的發心，樂意投入自己的時間和精力來幫助他人，即使你不是偉大的學者，也能幫助許多人。

有個故事這麼說道：有兩位大師分別針對同一部經典撰寫了釋論。月稱菩薩

是位受人景仰的大師和著名學者，月官菩薩（梵：Chandragomin）同爲受人景仰的大師，但學術方面的名聲並不如月稱菩薩。月稱大師是個大菩薩，我不能在此斷言什麼眞相，但是歷史記載，他當時並不是以利他的清淨發心來撰寫這部釋論，而是出自學術上的傲慢；月官菩薩則是以對弟子的悲心、慈愛和關照之心來撰寫，並用教科書的方式造了這部釋論。月稱菩薩的這部釋論已經無影無蹤，很久以前就失傳了，無論他的釋論有多精湛，我們也讀不到了。但月官菩薩的釋論保存至今，我們仍舊有所受用。所以，故事的重點是，發心清淨時，利益愈加廣大。

當然，如果我們成爲一個好老師，也經歷過某些障礙，就擁有更多經驗和知識，能夠幫助那些經歷相同障礙的人。但如果你心中有傲慢，那些經驗不一定更好。

弟子：為何說涅槃仍舊是幻變的假象呢？我以為涅槃應該是超越幻象的。

仁波切：涅槃並不一定是幻象，而是某種幻變的展現或神奇的變化。神變可以是幻象，但不一定都是幻象。意思是說，我們若將涅槃概念化為一種跟輪迴有所分別的狀態、是某種需要達成的事物，這就是另一種幻象。真正證得涅槃境界時，是與原初境界無二無別的，並沒有別種境界的存在。當你以為涅槃是最終要達成的目標，這樣的涅槃就是一種幻變展現。只要我們還有涅槃的概念，這仍舊是相對的狀態。連報身和化身的展現，也都是涅槃的幻變展現。以上就是我們所說的幻變的意思，這仍舊在相對層次中，並非究竟。

弟子：在面對別人惡意的破壞時，我們是否可以視他們為某種本尊示現來幫助我們？

仁波切：以密續和大乘觀點來說，那些試圖傷害我們的人，其實是在幫助我們。他們幫助我們修持六度波羅蜜，讓我們得以證悟。所以寂天菩薩這麼說：「如果

沒人刺激我們，我們如何圓滿安忍波羅蜜？如果沒人惹惱我們，我們如何圓滿持戒波羅蜜？如果沒有任何人或現象讓我們從三摩地中散逸分心，我們如何圓滿禪定❹波羅蜜的修道？因此，這些人事物其實都是證悟佛果的不同示現。

弟子：有了一瞥本覺的眞正體驗之後，是否還會再回復迷惑的狀態？

仁波切：一般來說，禪修中便能體驗到本覺。但是那個體驗並非究竟的本覺，並非完整的本覺。行者會經歷這些階段：瞭解、體驗，然後了悟。了悟是修道上非常關鍵的特徵，因爲了悟即是本覺體驗的圓滿。你必須經歷體驗的不同階段，並且不要執著這些體驗。就這麼持續穩定地在修道上邁進，最後便會達到了悟的境界。當你獲得本覺的了悟時，那個了悟是不會退失的。

弟子：若是不斷練習去認出或尋找自心本性，一段時間後，覺性是否會不斷增長，從而掃除對煩惱情緒的恐懼？

仁波切：沒錯，覺性會隨著禪修的訓練而不斷增長。從止禪開始，我們在修道上培養出更高的覺性（正知）和正念。然後，在大手印和大圓滿中，我們則強調正念和覺性的不同層面。正念和覺性來自禪修訓練，這又能延續到日常生活中，因此，上座禪修對我們來說非常重要。由於如此，許多老師都叮嚀我們每天至少要靜坐十到十五分鐘，這能幫助我們在日常生活中生起相續的覺性。要讓覺性或正念在日常生活中展露出來，除了守紀律地練習之外，再沒有其他捷徑了。唯一的問題是，學生聽到老師說每天都要靜坐時，就開始盤算要換老師啦！

❹原文作 Paramita of discipline，與原作者確認過，此處原文打字有誤，應是 paramita of meditative concentration。

弟子：說到所謂的「根」，本覺、本初清淨、本淨、任運等，是同義詞抑或是不同觀念？

仁波切：就最根本意義來說，這些都是相同的。本覺是本淨，本淨就是本覺。本淨也是任運的，是自然現起的智慧，而此自顯智慧也是本來清淨的。任運和本淨雙融合一就是本覺。就根的意義而言，我們可以說這些毫無差異；但同時還有本覺普賢王如來，這比較屬於果位的部分。本覺可說是根，也可說是果。

第四部

體驗解脫

我乃普賢王如來，根之實義離因緣，真如之根自了知。
我無內外增損患，失念闇昧無遮故，自現顯相亦無遮。
自覺原處安住時，三界毀壞亦無畏，
於五妙欲無貪執，離念自生覺性中，無存色法與五毒。

本覺明分無滯礙，一本性中現五智。
本初五智成熟故，生起本初五方佛。
由此本智增廣時，生起文佛四十二。
五智威能顯現時，生起六十飲血尊。是故根覺未有惑。

我乃本初佛之故，由我所發廣大願，
三界輪迴有情眾，了知自生之本覺，直至開顯大智慧。

幻變化身無止盡，我作化現百俱胝，於何以何善調伏。
以我悲心之願力，三界輪迴有情眾，願悉脫離六道處。

自然任運的覺性

願文接著說明普賢王如來如何體驗到解脫的境界。

我乃普賢王如來，根之實義離因緣，眞如之根自了知。

我，普賢王如來
自然如實地了知眞如之根，
「根」的實義即是遠離了因和緣（非因緣和合）。

這段偈言的意義很直接清楚。本初佛普賢王如來確認了「根」並非任何成因或助緣所創造，而是超越概念和造作的。

我無內外增損患，失念闇昧無遮故，自現顯相亦無遮。

我沒有虛構或抹煞內外境的過失，
失去正念覺察的闇昧也無法覆蓋我，
因此，自現起的顯相也無有遮障。

「我」指的是普賢王如來，也就是心最清淨的境界，遠離了沒有正念覺察的昏昧黑暗。也就是說，普賢王如來的境界是完全覺知的境界，祂全然地正念覺察，從一開始就是、且永遠都是覺知的。因此，自心本覺的本性「普賢王如來」的種種示現，是無遮無礙的。這些自心顯相（藏：*rang nang*，self-appearances）❶的根本本性，沒有二元概念心的遮蔽。當我們體驗到一切現象自顯現的本質時，無論是內在或外在現象，從一開始便是遠離二元的。

這些顯相都是自現起的，它們從本覺的根本基礎中展現而出，是本覺的示現。我們感知為色相、體驗為內外宇宙的種種展現，全然遠離了任何垢染，不被任何煩惱污垢所玷污，它們在自己原處的狀態就是完全清淨的。

我們感知的種種展現為外界顯相，正是明光心的單純展現。這個明性——自心的清明本性，變得極其強烈時，如果無法認出此**強烈明光**就是心的清明本性，它就會投射於外，二元現象於是就此顯現。當我們認出這個強烈明光就是心自身的展現時，就會了知顯相沒有垢染，在這本淨、自然任運的境界中，是全然清淨的。

根不會被失去正念覺察的昏昧狀態所遮染。所以如果能維續這個覺性、如果有能力與此覺性同在，我們便能了悟根的本性。根的本性之所以不被失去正念的狀態所遮染，是因為根與覺性（本覺）原來就是無二無別的。本覺不會被外在顯相所染污，因此，本覺自然

---

❶《藏漢大辭典》：內心裡顯現起外境的影像、心中現起的影像。

展現而出的顯相也不會被染污。在經驗到自現起的顯相世界時，請別讓自己分心而從覺性的根本基礎「本覺」中逸離。我們要以大圓滿和大手印修道來面對世界中的日常生活經驗，看到它們的本性都是原本清淨的。

覺性的離垢狀態，只能透過正念覺察才能了悟。不僅大手印的基礎修道告訴我們正念有多麼重要，正念在大圓滿修持中也扮演著任重道遠的角色。

自覺原處安住時，三界毀壞亦無畏，

自覺若是如如不動，安住於原處，
即使三界都被摧毀了，心中也不會有任何畏懼，以上這兩句是我最喜愛的藏文偈言。自覺知的自心本性若是安住在自身新鮮、赤裸無遮、遠離概念與二元的本性中，你便會遠離恐懼；即使三界都毀滅了，你也無所畏懼。在佛教宇宙論中，三界指的是無數的世界。即使我們居住的星球以及周遭的宇宙，眼睜睜在你面前毀滅了，你的心還是會如如不動，寂靜無懼。如果能像普賢王如來一樣，把心安住在覺性清新的狀態中，聽到龍捲風來襲，你的心也會紋風不動。

我們認出這個本性，然後安住其中，安住在本初清淨和自生智慧的本性之中。「安住」的意思是：讓這個「認出」的狀態相續不斷；持續保持這個「認出本性」的狀態，就是所謂的安住。如果安住在根的基礎狀態中，安住在本覺本來覺醒的狀態中，就不會感到恐懼。認出本覺，就會斷除所有的恐懼，即使三界都將化爲烏有，本覺也不會有所動搖，這就是無畏的本覺。本覺能斬斷迷惑和幻象的一切根源，所以此處非常強調對本覺的認證。以上說明的就是普賢王如來的了知。

於五妙欲無貪執，離念自生覺性中，無存色法與五毒。

對於五種欲求之境也無所貪執，
在自現起、非概念性的覺性中，
堅實的色相或五毒都不存在。

「五妙欲」指的是五種感官的享受和感官的對境，也就是色、聲、香、味、觸。我們的根本貪著都是針對這五種感官享受而來。真正歸納眾生對輪迴的根本執著的話，我們所貪著的不外乎是這五種對境。我們被鮮花美麗的色相、音樂等等對境所吸引，從而產生了貪著。當我們了悟本覺本淨的本性時，便不會再對五妙欲的對境生起貪著。

五妙欲的對境並無實存之相，貪瞋癡慢嫉五毒也沒有實存之相。貪欲生起時，其實並沒有一個能稱爲「貪欲」的實物存在。瞋怒生起時，也沒有一個能稱爲「瞋怒」的實物存在，其他以此類推。五毒生起，但本質與自生覺性的本性無二無別，「自生」就類似之前說的「心的原初或俱生本性」的觀念。提到無二元的自生時，基本上說的就是對一切事物「鮮明清晰」的體驗；任何一種鮮明的體驗，都有著這個自生、無二元經驗的本質。當你體驗到那個鮮明，又在那個鮮明中體驗到覺性時，這種體驗就某種程度來說，超越了二元概念。這就是大圓滿和大手印修持的見地。

當我們看到五毒「正在生起」，就是看到了自生的覺性。當我們看到五毒活靈活現、乍然赤裸無遮地顯露時，就有了更大的覺醒契機；以大手印和大圓滿的觀點來說，缺乏這些鮮活有力、撲天蓋地乍然而來的煩惱情緒，我們就少了很多覺醒的機會。

五妙欲展現在大圓滿和大手印修道上時，會展現得非常鮮明。這種體驗極爲鮮明直接，而不是在嘴上說說本覺或口若懸河地談論阿賴耶智而已。當我們頭頭是道地談論著阿賴耶智、本覺或平常心時，聽起來只是某種理論罷了，就好比談論未來的經驗，尚未親眼見過一般；然而，五毒和五妙欲卻是這麼活生生的體驗。從大圓滿的觀點來看，這些經驗

是如此貼近，它們就近在咫尺，因此，透過這些經驗，就更有機會體驗到覺醒之心。

若能安住在自生覺性之中，我們就可以讓自己體驗到「根」，而不會執著輪迴五妙欲的享受。「不執著」這些顯相的意思是，不以妄念將這些對境、感知和概念固實化。於是我們便遠離了心的五毒，其中包含根本的三毒：貪，也就是貪著；瞋，也就是瞋恨；癡，也就是無明愚癡；再加上傲慢和嫉妒。若能讓感官感知單純地體驗五毒，不加諸標籤的妄念，我們就能遠離五毒。

這就類似帝洛巴大師給予弟子那洛巴的教訣。在那洛巴的考驗和苦行尾聲，帝洛巴用自己的鞋子往那洛巴額頭上用力打了一記，說：「顯相並沒有將你束縛於輪迴之中，是概念執著將你綑綁於輪迴！所以，我的孩子那洛巴啊，斬斷這執著的根源吧！」外在世界的顯相，五種感官感知的這些經驗並非問題所在，問題出在隨之而來的標籤過程。

無論經歷何種感官經驗，有了正念和覺性，要我們經歷什麼都可以，不會有什麼極限。極限與否，就繫於正念和覺性上。即使我們不喜歡這些經驗，經驗本身也會成為一趟有意義的旅程。無法安然享受就會造成痛苦，所以，若不練習正念和覺性，苦行便會是折磨、而不會是解脫的因。這就是爲何佛陀說，應該捨棄無謂的苦行；於是，他當時就這麼做了，他離開了苦行僧的生活，在步步之間保持正念，然後證得了佛果。

要培養正念和覺性，重要的是先練習「止」。法教的理論層面對聞思學習而言固然很重要，但是到了修持的時候，就應該把理論全都放下。去練習靜坐，試著發展出能主掌妄念和自心的一些基本能力，讓心聽任你的差遣。

這就是禪修的目的——我們要發展出主掌自心的能力，以便遊刃有餘地指揮它。我們如果要心專注在這支自來水筆上，心就可以馬上到那兒；我們可以指揮心專注在佛像上，心就會乖乖地留在那兒；我們可以要心專注在呼吸上，心就會專注在呼吸上。我們要培養的就是心的調柔和彈性，這點以目前來說很是重要。一開始，不需要介意什麼阿賴耶識或阿賴耶智，只要可以讓自己止定即可。在這樣的止定之中，阿賴耶智便會毫不費力地自然生起；不必對自己說：「我要把心專注在阿賴耶智上。」當我們安住在止定的境界中，智慧就會美妙地展現。

偉大的蔣貢康楚羅卓泰耶舉了一個例子：攪動濁水，水只會更渾濁；令水靜止，污泥

即自行沉澱，水即自然清澈。這澄澈來得再自然不過。在阿賴耶識沉澱的過程中，阿賴耶智自然而然就會展現。

保持正念覺察是最好的訓練，卻也是最難的。隔絕感官知覺、不去感知外境很容易，如果遇到視覺的美妙經驗，只要轉身不看就好了；我們也可以把自己關在山洞裡，但是如果沒有正念覺察，我們只會把整個散亂心帶到山洞裡——苦因仍在，痛苦依舊。我們要勤加訓練的就是正念覺察，這並不容易，但若能訓練自己正念的紀律，無論經歷什麼感官或概念的經驗都沒有關係。

問題是，到底如何練習這個紀律？寂天菩薩說，我們的心猶如一頭狂象，就好比大象到了瓷具店，轉個身便把許多瓷器砸碎。大象不過是無辜地動一動罷了，牠想著：「我只是想動一動而已。」我們也都這麼思考，不是嗎？

第一要務就是把大象拴住。這隻大象因爲自己瘋狂的想法而狂野躁動，所以我們必須把牠拴起來。用來拴象的鐵鍊就是正念，這就是實際把狂象固定在地面上的第一步。但如何完成拴住自心的過程呢？另一個例子是，好比待在房子裡，我們如果要受到保護，就必須鎖住門窗；如果是住在紐約，就會需要三道加強鎖。

鎖上門窗的目的是為了防止不速之客。有了鎖的保護，客人進入屋子的唯一方法就是按門鈴。每當門鈴響了，我們就去應門，從門上的窺視孔向外看，如此就會有機會、有空間認清來客，而不會受到驚嚇。我們清楚辨認來客：「喔，是憤怒先生，」或「這次是嫉妒先生來了，」或「愚癡先生來啦！」然後，我們以大乘的悲心和金剛乘的無畏，打開大門迎接來客。

我們不會對客人不理不睬，我們要邀請客人進門，花點時間陪伴他，這才是眞實的待客之道。這時，我們在家裡的活動會更有覺知，因為客人來了，隨心所欲做自己想做的事有點不太妥當。為了表示對客人的尊重，音樂不宜太過喧嘩；有人作客時，我們也不能光著身子在屋子裡亂跑。由於客人來訪，我們隨時都保持著覺知，就這樣合宜地款待來客，最後讓客人從容地自行離開。我們也不應將來客執著為家裡的固定成員，因為訪客就只是暫時作客而已，切忌抓著客人不放。

佛五智

願文下一段探討的是自顯現的自然智慧。對普賢王如來而言，在這自生任運智慧中，圓滿正覺已然展現。此本覺的究竟實相亦即智慧的本體、一切現象的眞正本性，一切都是從相同實相本性中生起的。本淨的任運智慧就在這個究竟實相中展露而出。

本覺明分無滯礙，一本性中現五智。
本覺的清明無礙無滅，
是同一本性的佛五智。

去看本淨的智慧時，其體性即是空性、無我，同時也具備自然清明的功德特質，亦即根本明性的原初明光。本淨的智慧透過大悲心永無止盡的運作而示現。

「本覺明分無滯礙」指的就是本淨智慧的這三個層面。大圓滿的術語稱這三個層面爲：(1)體性（*ngowo*）、(2)自性（*rangshin*）、(3)悲心（*tukje*）。藏文(1)「額窩 *Ngowo*」是體性或本體；(2)「壤新 *rangshin*」是自性或本性；(3)「圖接 *tukje*」則是悲心。這就是對本淨智慧的完整瞭解。體性是空性、無我；自性是任運明光，也就是根本明光的自然明性；悲心是本淨智慧的悲心，這是神聖、眞誠的心，也就是清淨大愛、清淨慈悲的無竭示現。

本淨智慧原本就沒有任何遮障的覆蓋，它是法性，亦即法界的本性。種種顯相在法界虛空中、在如明鏡之顯相的本性中，自由地展現。無論發生什麼事，無論它透過何種面向或不同的明光而顯現，一切顯相的本質與此智慧的本質是相同的，這就是「平等性」的意思。

智慧的清淨境界完全遠離了迷惑妄念。在這清淨智慧的本性中，毫無任何不清明或昏昧，也沒有含糊不清的邏輯思考。「沒有不清明」、或傳統上說「遠離不清明」，就是一種全然完整的辨識力或分別力的狀態。在智慧的根本狀態中，這種「遠離不清明」並不需要任何費心的努力，一切行為或活動自然任運地生起，在此智慧的境界中輕鬆不費力地完成。

本淨智慧即是本性同一的佛五智，這「同一本性」是原本清淨的。這是佛三身的同一本性，是佛五身的同一本性，是佛五智的同一本性。經典中以太陽和陽光、或月亮與月光來比喻佛五智的同一本性，它們有著相同的本性，但彼此卻又有所不同。

佛智——證悟的智慧，是本覺已全然成熟的面向，它以五種智慧的方式展現出來。佛五智即是：法界體性智、大圓鏡智、平等性智、妙觀察智和成所作智。

法界體性智（梵：Dharmadhatu wisdom）是完全清淨的根本狀態，「法」（*Dharma*）即是現象，「界」（*Dhatu*）即是體性、眞諦或本性。所以，法界指的是現象的眞正體性，法界體性智即是見到現象眞實本性的智慧，現象的眞實本性就是無生——從一開始，現象就未曾顯現為迷惑；中間，這些迷惑、這現象世界的堅實狀態也不曾存在，因為這些現象從未生起過。由於它們一開始就未曾生起，中間也不曾存在，因此這些迷惑也沒有所謂的止滅。這個道理非常簡單明瞭。

輪迴現象的煩惱情緒沒有所謂的止滅，我執也沒有所謂的止滅，以自我為中心的我見也沒有所謂的止滅。沒有止滅或結束是因為一開始就不存在、一開始就沒有生起。見到現象的這個真實本性（無生）的智慧，就是法界體性智，這是佛五智中的第一個。

佛智的明性或明光無礙本質的展現，就好比映照在鏡中的影像，這就是第二個佛智「大圓鏡智」。佛的大圓鏡智遠離了「認為有我」的我見，因此具有「無我」的功德特質。大圓鏡智超越了概念性的照見，也超越了概念性的理解，佛教典籍便以明鏡作為比喻來說明。

一站到一面大鏡子前，鏡子便會一瞬間映現出整個影像，不會先出現第一排影像，然後出現第二排，接著才出現第三排等。同時，鏡子也不會指出鏡中反映的是什麼，鏡子不會說：「我想，現在出現的是樹木、現在是地毯、現在是人、這是某某人、那是某某顏色。」大圓鏡智的本性中，沒有這種以「我」為中心（egotism）的想法。鏡子在彈指之間同時如實映現一切，所以稱之為「大圓鏡智」。

類似這個道理，對佛而言，三時（過去、現在、未來）的現象也同時映現，一切俱時現起，沒有「漸次」看見的過程，也沒有概念化的過程。證悟的佛一剎那間便能遍照一切。以上即是大圓鏡智的例子。

先前探討過，顯相有五花八門的展現，本質卻是同一味，這即是第三佛智「平等性智」，指的就是「無我」的智慧。無我能引領我們究竟地了悟平等性。此處所說的平等性，指的是二元的平等。也就是說，法我（外在現象）和人我（自我）之間不再有分別；此時，主體和客體二元的區分便不再生起。

所以說，佛智看到了這個平等境界的本性。無論是看外在的現象世界，好比桌子、房子、山巒等等，或者看到自己是「一個人」，全都是平等的無我。法我和人我兩者都安住在空性的同一本性中。這個究竟照見無我本性的了悟，就稱爲平等性智。

平等性智從菩薩道上修持自他交換開始。我們試著看到他人的痛苦，並承受他人的痛苦；透過承受他人的我執，試著超越自己的我執。這麼做的結果就是得到平等性智。

第四個佛智是妙觀察智，全然遠離了迷惑妄念，是一種敏銳和精準的狀態。妙觀察智指的是照見世俗相對實相的佛智。大圓鏡智是一種映照的根本明性，妙觀察智則是一一照

見事物的個別特徵和特質。這是一種看清顯相的智慧、是「看到事物如何存在」的智慧。這是辨識出外在現象的本性是無常和空性的智慧，此智慧辨識出現象以層層迷惑而存在輪迴中，我們稱之爲妙觀察智。

我們可以舉例說明諸佛如何看待這點：假設我們其中一人睡著做了惡夢，在夢境中經歷痛苦的幻象，有天眼通的人可以看到這情景，他可以看到熟睡的人正在經歷莫須有的痛苦。做夢的人在夢中感到非常恐懼，也許毒蛇或老虎正在獵捕他，夢境中有著「所經歷的恐懼」，以及「能感受的恐懼者」，他正經歷著痛苦的幻象。

對那位擁有天眼通的人而言，這些全都不存在，能看清這個情況的人並沒有經歷這些痛苦，他可以看到熟睡的人只是在做夢罷了。這位有天眼通的人知道，如果熟睡的人從夢中醒來，就會完全脫離那個恐懼的幻象。因此，天眼通者可能會用某些方法試著搖醒睡著的人，或許是提高聲調說話等。天眼通者照見他人夢境的這個例子，就好比此處所說的佛的妙觀察智。

以上提到的佛智全都自然任運、輕鬆不費力地生起，就稱爲「成所作智」。成所作智指的是佛事業的展現，如此卓越展現的智慧，有著喚醒眾生的廣大利益。這個知道如何讓眾生從輪迴惡夢中覺醒的智慧，就稱爲成所作智。

能爲一切有情眾生完成所有相對和究竟的利益，就是所謂的成所作智；因此，諸佛有時會潑一桶冷水讓我們清醒過來。但是這種潑冷水的方法，有時可能會讓某些沉睡者驚嚇暴斃或心臟病發；針對這種情況，佛上師就不會對這種人潑冷水，而是改用鬧鐘來喚醒他。這些能使眾生成就正覺的不同方法，就是成所作智。

以上說明的就是本性同一的佛五智，這些解釋並非是我親證的「第一手體驗」，只是我自己對佛五智的「第一手概念性理解」而已。

五方佛族

願文接著描述本淨佛五智的進一步展現：

本初五智成熟故，生起本初五方佛。

透過五種智慧的成熟，

生起了本初的五方佛族。

換句話說，佛五智產生了五方佛族的本源。這其實不是指五個不同的存在體，而是指佛智的五種不同元素，好比法界體性智等。五方佛族也從心的五毒中生起；根據密續所說，這是因爲五毒的體性即是五方佛族的體性。這說起來非常驚人且無法想像。

我們若仔細去看佛五智，就會發現：佛五智其實就是五毒的「本性」。愚癡的眞實本性，就在法界體性智的本性中——法界體性智即是愚癡之毒的究竟本性。此智慧就存在毗

盧遮那佛（梵：Vairochana，或稱大日如來）的本性中。毗盧遮那佛位於五方佛的中央，屬於「佛部」族性，是諸佛「身精髓」的化現。在凡俗狀態中，法界體性智展現爲五蘊中的色蘊，是色蘊的體性。

大圓鏡智即是瞋恨的究竟本性。大圓鏡智和瞋毒的本性即是東方不動佛的本性（梵：Akshobhya，或稱阿閦佛、不動如來）。每當瞋恨生起時，就是不動佛的展現；在我們陷入迷惑妄念時，大圓鏡智就展現爲瞋恨。不動佛屬於「金剛部」族性（梵：Vajra family），是諸佛「意精髓」的化現。以五蘊來說，大圓鏡智相應於受蘊的部分。

平等性智即是傲慢之毒的究竟本性。傲慢的究竟本性或根本體性，存於寶生佛的本性中（梵：Ratnasambhava，或稱寶生如來）。南方寶生佛的本性即是平等性智的本性。寶生佛是傲慢的究竟本性所生之化現，諸佛的功德特質都在寶生佛身上展現。平等性智在五蘊中相應於想蘊，並歸屬「寶部」族性（梵：Ratna family）。

妙觀察智是貪欲的究竟本性。貪欲的體性即是西方阿彌陀佛的本性（梵：Amitabha），阿彌陀佛從貪欲的究竟本性化現出來，祂的本質則在妙觀察智中有所展現。

諸佛「語」的展現就示現在阿彌陀佛身上。妙觀察智在五蘊中相應於行蘊，並歸屬「蓮花部」族性（梵：Padma family）。

成所作智是嫉妒之毒的究竟本性，此智慧展現爲北方的不空成就佛（梵：Amoghasiddhi，或稱不空成就如來）。佛的成所作智是超越了嫉妒之毒的勝義本性之果。以金剛乘的說法，嫉妒的眞正體性即是不空成就佛的本性。不空成就佛是一切佛事業的化現，因此，這個佛族性就稱爲羯磨部（梵：Karma family），「羯磨」的意思是「作爲」或「事業」。成所作智相應於五蘊中的識蘊。

當我們去看密續中本覺智慧的展現過程時，可以清楚看到一切事物皆起源於本覺。本覺只有一個，起源只有一個，根基只有一個，也就是心的眞實本性，它向外展現成五種不同的面向，卻又含攝了一切。無論我們經歷的是內在或外在顯相，這些顯相全都存在同一體性的五方佛智中，而這總攝爲一的體性，就是本覺。

大圓滿密續是說明五方佛的基礎教法，這些教法在大圓滿傳統的開示中有極詳細的解釋，其中又以蓮花生大士的開示最爲殊勝。

本尊本源

當本覺隨著赤裸無遮的佛五智，亦即五毒的究竟本性而展現時，就好比瓶子裡莊嚴的佛像終於隨著瓶子的破裂而顯現出來。這個究竟本性就是本覺的果位階段，此果位不僅展現為五方佛族的本初諸佛，而且，

由此本智增廣時，生起文佛四十二。
五智威能顯現時，生起六十飲血尊。

當智慧進一步增廣開顯時，生起了四十二佛。
當佛五智的大威能展現時，生起了六十位飲血尊。

願文愈來愈精彩了！佛五智開展而出，有了進一步示現，這是因為諸佛的悲心之故，諸佛見到了受苦眾生各種不同的需求。這點顯而易見，無須多加說明。根據大圓滿密續，

諸佛在六道中示現不同的形象，以便協助一切有情眾生除卻不同的苦痛。

佛的不同化現總共超過一百種，百種化現總攝於一尊單純的佛——普賢王如來。佛的化現不僅有五方佛族，還有四十二寂靜尊以及六十憤怒尊。一般的說法是五十八憤怒尊，但此處算爲六十尊。我們通常將此一百種化現稱爲「百種性本尊❷」（藏：*dampa rik gya*），這與中陰教法的文武百尊修持很類似，中陰教法說的是四十二寂靜尊和五十八憤怒尊。

何謂四十二寂靜尊和六十憤怒尊？概略來說，四十二個寂靜化現的部分有普賢王如來和普賢王佛母兩位，再加上之前提到的五方佛族的五方佛，祂們是男性佛，還有五位佛母「虛空自在母」（藏：*ying chug ma*），她們是五方佛的佛母；*Ying* 是虛空，因此五方佛母即是：具虛空法界之力的佛母。接著尚有八位男性菩薩，以及八位女性菩薩。然後，根據寧瑪派傳統，輪迴六道各有一佛，因此便有六道的六佛。最後還有四位男性守門聖尊與四位女性守門聖尊，加起來總共是四十二尊佛化現的寂靜尊。讀者若對這些細節有興趣，可以詳加研讀中陰教法。

佛五智的大能展現時，生起了六十位飲血尊。這是專屬金剛乘的內容，各位如果尚未有心理準備，可以閉眼不看，掩耳不聽。憤怒尊包含了男性和女性憤怒黑嚕嘎、憤怒如來、菩薩和其他本尊等，被稱爲六十飲血尊。

據說密續教法極能利益那些煩惱熾盛的眾生，由於如此，憤怒尊在密續覺醒之道上扮演了較爲強勢的角色。密續本尊展現較極端的型態，我想是因爲我們的煩惱毒過於強烈的緣故。蓮花生大士曾說，在末法時代，密續的威力將完全展現出來，勢不可擋。從普世佛教的觀點來看，末法時代實在是令人沮喪至極，一切的一切只會每況愈下；但是從密續的觀點來看，其實並沒有那麼糟，因爲我們會得到更好的機會來運用密續的威力。

憤怒尊的化現從嘿嚕嘎開始。嘿嚕嘎是佛的憤怒相或瑜伽相。這裡的嘿嚕嘎是大勝嘿嚕嘎（梵：*Mahottara Heruka*），mahottara 的意思是「最無上的、最殊勝的」。

嘿嚕嘎和祂的佛母憤怒母是一對，再加上五尊男性「飲血尊」和五尊女性「飲血

❷《藏漢大辭典》譯為：百聖或百種性本尊。

尊」——我就喜歡一再提到這個字眼，聽起來滿可口的。然後是八位瑜伽母，也被稱爲八天女（梵：*gaurima gye*），以及八位女天魔（梵：tramen goddesses）；我們通常可見到唐卡中將女天魔描繪爲人身鳥頭或有著其他不同的頭首。再加上四位女性守門聖尊，以及二十八位女神，一共是六十位。

密續和教法中清楚說明了，無論四十二寂靜尊和六十憤怒尊有何種展現，祂們都是自生起自顯現的；祂們是自心不同層面的顯相展現爲這些形象，並非眞的有所存在，而是象徵性的教法。我們應該在修持密續前，好好學習每個象徵的意義。在談到佛以種種密續本尊的形式而化現時，我們必須先詳加學習每個細節，以便能徹底通達其中的意義，鉅細靡遺地全盤瞭解箇中意義後，才去持咒或修持儀軌，這在密續修持中是非常重要的；我們必須清楚這些細部資訊，才不會把這些本尊概念化爲某種人物或某種狀態。

這些內容對現階段的你而言，或許不甚重要，但是找時間好好拜讀《西藏度亡經》（*Tibetan Book of the Dead*）或許會很有幫助。如果你正好得經歷中陰身，至少會知道寂靜尊和憤怒尊是什麼。美國導演伍迪·艾倫（Woody Allen）曾說：「儘管我並不相信有投胎轉世，但我還是會把換洗內褲帶在身上。」所以建議大家還是多帶一點「換洗內褲」，以防萬一。

儘管密續中提到佛的不同化現，願文一語道破：

是故根覺未有惑。

因此，根之本覺從未迷惑過。

本覺的根本本性即是赤裸無遮的覺性，此赤裸覺性、此根本明光從未被染污過；因爲自心的根本本性未曾迷惑過。以此爲基礎，從本覺原初赤裸覺性之根，諸佛和佛智於焉展現。此根基是這些化現的唯一本源，唯一起因。

根之本覺指的是本淨的智慧，也就是顯現在五方佛族中的同一智慧，五方佛又顯現爲

百種性本尊等。這些全都總攝於同一個根本的本初清淨智慧，此本淨智慧自身原本的狀態未曾有過迷惑，一直都是覺醒和清新的，遠離了所有煩惱垢染。因此，

我乃本初佛之故，由我所發廣大願，
三界輪迴有情眾，了知自生之本覺，直至開顯大智慧。

我是本初第一佛，透過我所發下的祈願，
但願三界輪迴的有情眾生
皆能了知自生的本覺，直到本初大智慧圓滿開顯。

此處要做的祈願是：願一切眾生都能認出自己的自生本覺；自生本覺在五智中現起，也在四十二文智或六十武智中現起。這些智慧都是自生、自現起的。我們希望本淨自性的

自生智慧能夠開顯出來，希望因爲智慧的開顯，有情眾生都能透過無數法門與智慧的各種展現，從而得到廣大利益。

很多時候，聆聽某些過於溫和平靜的開示演講並無法點醒我們，讓我們契入離念智慧的狀態，這種經驗大家都有。聽著聽著，左耳進右耳出，好像聽到了，卻又記不住。或者在應該聽到重點的關鍵時刻，你竟然睡著了。然而在某些時刻，出現了某種極爲不悅的情況，卻眞正讓你契入了那個離念的狀態；那些讓你不愉快的人事物讓你眞正瞭解了空性，讓你能夠欣賞領會何謂無常。這種頓悟讓我們瞭解空性，領略到空性的觀點，這樣的頓悟總是在這類狀況下才發生。

同樣的道理，心的智慧——這個想要覺醒的心，並不一定能跟（佛智的）寂靜示現相應，我們經常會錯失重點；有時候，諸佛或佛智憤怒的示現反而才能棒喝行者，讓某些行者驚醒。因此我們知道，諸佛是爲了不同的目的才示現寂靜相或憤怒相。

以大圓滿的觀點而言，我們的本性都是本初佛，因爲自心本性未曾稍離本初佛的境界，一直都在完全善妙的狀態「普賢境界」之中、一直都在證悟的境界之中。因此，我們

是透過一種「原本就證悟的心態」及「原本就證悟的欲求」來做這個祈願。

我們並不是祈願有情眾生得到更多輪迴的財富、快樂和迷惑，而是祈願他們獲得究竟的財富和喜樂，也就是「認出本初的佛心」，這就是我們要做的祈願。但我們並非僅是希望「認出」佛果的本初根基，一旦認出此根基，就應祈願這個智慧能完全開顯展露。我們祈求眾生無盡的智慧能開顯出來，遍及無邊的宇宙。

我們可以做各種不同的祈願。做世俗菩提心的祈願時，我們說：「祈願一切有情眾生得到快樂，遠離痛苦和苦因。」諸如此類等等。但普賢王如來的祈願並非世俗菩提心，而是勝義菩提心，因此我們說：「祈願包含我自己在內的一切有情眾生，皆能安住於本初佛普賢王如來這根本佛果的境界中。」我們所發的願是完全究竟的甚深祈願。

下一節探討的是普賢王如來在有情眾生經歷的顯相中，有什麼樣的示現，又如何透過不同的化現，熱切地利益其他有情眾生。

幻變化身無止盡，我作化現百俱胝，於何以何善調伏。
以我悲心之願力，三界輪迴有情眾，願悉脫離六道處。

我不斷幻變出各種化身，
我展現出億萬種幻變，
我示現各種化身調伏不同眾生。
透過我的悲心發願之力，
祈願三界輪迴中的有情眾生
都能脫離六道輪迴。

如果你想要發願利益他人，這首爲六道眾生祈願的偈言，再美麗不過了！

蓮花生大士曾如此描述噶瑪巴的化現：「證悟的噶瑪巴將持續不斷地化身示現，直到有情眾生的迷惑窮盡為止。」據說，噶瑪巴能在一億個不同的宇宙中示現化身，也就是說，像噶瑪巴這樣的證悟上師，可以在不同的宇宙和星球上化身為不同的上師。

第二世大寶法王曾提到，他在那一世有三個不同的化身。一個化身在衛藏地區，一個在中國，另一個在藏東或藏西。這是普賢王如來願文提到的許多內容中，其中一個活生生的例子。不過，歷史上只會有一個化身眞正持有「噶瑪巴」之名。第二世大寶法王在世時，也只有一個化身示現為「噶瑪巴」，其他兩位則以不同的名字出現，中國的化身或許叫做周揚先生，藏東的化身或許名為扎西先生。

這就是希望能因應有情眾生不同需求而化身無數的祈願，祈願能夠展現不同狀態來調伏眾生。諸佛菩薩以這些方式，示現出種種不同的化身；諸佛菩薩並不一定要像釋迦牟尼佛一樣生為王子，而是會應時應機而做不同示現，藉由各種不同方式來調伏有情眾生的痛苦。例如，據說賢劫下一佛的彌勒佛，不會是個王子，而是婆羅門種姓。

普賢王如來恆常不離「本淨」的根本狀態，透過自然任運明性的不同展現，以及具有智慧的慈悲展現，不間斷地變幻出無數化身。這清楚顯示了，之前提到的五方佛族和文武百尊等示現，都只是普賢王如來佛行事業中的一小部分而已。普賢王如來清楚說過，爲了達到利益有情眾生的目的，祂會化身於億萬個宇宙中；如果某種化現能夠讓眾生脫離輪迴的迷惑因，祂就會幻化成那個形象。

就如同普賢王如來所做的祈願，我們也要祈願一切有情眾生遠離輪迴六道的迷妄和痛苦。六道的心理痛苦其實可能就在此生中發生，我們在這個地球上，就可能經歷六道所有的內心迷亂，體驗到六道的疼痛、苦難和強烈的情緒。因此，我們祈求所有眾生皆能脫離六道的苦痛、遠離所有的苦因，祈求眾生都能從輪迴中得到解脫——這就是我們要做的祈願。相較前一個祈願，此偈比較屬於是相對層次上的祈願。

弟子：「我，普賢王如來」怎麼可能是「無二元」的？

仁波切：一方面，普賢王如來是在祈願眾生都能領會無二元覺性的究竟實相，這是我們努力想要領會的實相。另一方面，普賢王如來是透過相對菩提心、慈悲心、言語和智慧，在相對世界中做這些祈願的。

我們一開口說話，就會產生某種二元的狀態，一開始動腦筋思考，就有了二元。但是初期的二元並沒有不好，因爲我們不可能一開始就完全超越二元。

初期，某種程度的二元修持是必要的，例如悲心的修持。悲心的修持是非常二元的，你看著受苦的有情眾生，然後對他們修持悲心。你實修菩提心、六波羅蜜多等等，以便在修道上利益其他有情眾生和你自己。以此方式，二元的修持會逐漸引導我們得到無二元的覺性體驗，二元的修道層面使我們最終得以體驗到無二元的覺性。

弟子：可否請仁波切針對下座禪修，給予修持的建議？

仁波切：初期，我們應該多下點功夫磨練下座禪修。舉例來說，我們應該努力提醒自己觀照自心，觀照自己的念頭，一個小時至少做一次，這樣的修持已經夠好了。如果你眞的可以每個小時做一次，就已經是很高的成就了。一段時間之後，你的精進就會讓自己在日常活動中無須費力造作，就能保有覺性。

我自己用的是電子手錶。如果你也是，就可以設定鬧鈴每小時響一次，你就可以告訴自己：「好，鬧鈴響的時候，我要觀照自己的念頭一次。」我們只需要這麼做，不用多也不用少。不必煩惱一定要上座禪修，只要觀照自己的念頭就好了。每當鬧鈴一響，就看著那個片刻的想法念頭，然後說：「喔，憤怒……」，但也有可能當時生起的是善念或其他等等。你或許想要一天二十四小時都保持正念覺察，但這是不可能的；但如果你說：「每次手錶鬧鈴一響，我就要提起正念」，這就比較容易達成。所以，你就在每次鬧鈴響起時，觀照自己的心，看看

自己正在經歷什麼情緒。盡可能持續地多加觀察、時常觀察，如果一時忘了，你的手錶就會再次提醒你。

你也可以運用其他方法。如果時常需要開車上路，每次一有人對你按喇叭，你就可以觀照自心，而不是對著別人吼叫。我發現這個方法滿不錯的，因為有人對你按喇叭時，你勢必會覺得怒從心生，如果觀照自己的心，你就會看到自己的怒氣正在生起，然後就這麼去觀照你的怒氣，如此，處理情緒就會變得簡單容易多了。生活中有很多方法可以運用，你可以設定任何一種符合自己生活的提醒方式，這樣的修持就會引導我們體會到持續不斷的覺性。

第五部

認出本覺

初始迷亂諸眾生，本覺於根無展現，
失卻正念現癡昧，此為無明迷惑因。
於此昏昧癡迷中，乍現怖畏惶惑識，自他敵執由此生。
習氣薰染漸孳長，復次深陷輪迴生。
由是五毒煩惱增，五毒業力旋無斷。
由是有情迷惑根，源於失念無明故，
以我如來之大願，願皆了知自本覺。

俱生愚癡之無明，是為散亂失念心，
遍計所執之無明，即執自他為二元，
俱生遍計二無明，眾生迷惑之根基。
以我如來之願力，祈願輪迴有情眾，
失念闇昧皆除淨，二元執著心澄清，本覺本貌祈得證。

無明愚癡

本章就大圓滿的觀點說明輪迴如何生起，其中包含輪迴的主要成因，以及愚癡、妄念、迷惑等其他層面如何從輪迴成因中生起。

初始迷亂諸眾生，本覺於根無展現，
失卻正念現癡昧，此爲無明迷惑因。

起初，對迷惑的眾生而言，
本覺在「根」的階段並沒有展現，
因而毫無正念覺察，陷入愚癡闇昧，
這就是無明迷惑的起因。

以大圓滿的觀點來說，眾生之所以迷惑，是因為沒有認出根本的覺性。這個在根的階段並未現起的本覺，指的是自在洞悉的覺性，也就是「觀」（梵：vipashyana）或「勝觀」。但這不表示本覺一開始並不存在，它其實一直都在。然而，當我們認不出本覺，或者說，當本覺認不出自己時，迷惑幻相就開始了；整個輪迴世界，就從這個認不出本覺的時刻顯現出來。某種程度上，這個道理其實滿簡單的。

我們不斷在找尋輪迴的起始點，但佛陀卻多次提到，搜尋歷史也無法找到輪迴的起點，知道輪迴何時開始並沒有什麼益處。佛陀說，就算知道輪迴從何時開始、如何開始，也無法幫助我們解脫輪迴。因此，佛陀強調的是能解脫輪迴的修道，而不是鑽研歷史或諸如此類的學問。

例如「宇宙大爆炸」的理論，科學家經年累月研究宇宙如何開始，卻只得到一個結論：宇宙由一個大爆炸開始。這個結論對我們並沒有多大幫助，即使就科學上來說也沒多大益處。大爆炸就只是大爆炸而已。

比較合乎邏輯的答案，其實是去看當下這個片刻：輪迴就從當下開始。我們無須回溯到一百年前、一千年前或一百賢劫之前，只要回到當下這個時刻，就可以回溯到輪迴的起點。從密續、大手印和大圓滿的觀點來說，當下時刻就是我們輪迴的起點，但也可以是輪迴的終點。在當下這個刹那，心的根本境界在高度清明的狀態下，是本來清淨的；然而，我們卻看不見，反而不斷重複愚癡與其他迷妄狀態的模式，這點我們之前已探討過。

無論是什麼起因，輪迴就在當下生起。在原本是覺性的根基上，竟生起了無明愚癡，但我們並不需要回溯到久遠以前去尋找無明愚癡的根本起點；願文的偈言清楚說到：沒有正念覺察，覺性就被遮蔽了。這個不覺知讓感知變得模糊混亂，在此狀態下，這個根本明性、清明就會丟失。也就是說，沒有正念覺察，就會錯失這個根本的覺性，認不出這個根本的覺性，輪迴就開始了——輪迴即是一種不覺知的無明狀態。就邏輯上而言，這就是爲何輪迴的起點即是當下。

藏文有句話：*rigpa rang tsuk ma thuppa rigpa*，意思是：本覺有其自身的特性。當我們認不出且無法安住在那本初的狀態，當本覺沒有駐守在自己的特性時，種種迷妄就開始了。

這裡所說的「根本愚癡」，並非是概念上的無知，而是指一種無意識的狀態。如果「根」沒有完全展現，就會出現這種「無意識」的覆蓋，這是一種缺乏覺性的狀態。沒有正念覺察就是不覺知或沒有覺性，而這種被稱爲「愚癡」的不覺知，即是輪迴的開端；道理就是這麼簡單。如果完全陷入無意識，就沒有覺性、沒有本覺；沒有體驗到本覺，阿賴耶識本初狀態的「根」就不會展現，而這樣的愚癡便成爲輪迴一切迷妄的起因，由此可知，這就是輪迴的根源。就是因爲如此，願文說，無明愚癡的起因，即是這個根本的無意識狀態。

在這個根本的無意識狀態中，一切都不清不楚。在這種情況下，甚至連二元都沒有展現，這是心非常厚重遲緩的狀態，是一種深沉的呆愚遲鈍，像是昏沉一般。西藏有時會說一個人很「通給（*thom kyer*）」，也就是「完全呆掉、空白一片、呆坐在那兒」的意思，比沙發馬鈴薯（couch potatoes）❶還糟糕。偈言中也用了相同的藏文字 *thom*。在這個無意識的不覺知狀態中，連二元的明性都沒有，一點也不清晰鮮明。根據大圓滿傳統，這就是輪迴的起因和開端。

於此昏昧癡迷中，乍現怖畏惶惑識，自他敵執由此生。

在這空白一片的無意識當中，
乍然現起了驚惶迷惑的心識，
從這裡，又生起了對自、他與敵人的執取。

現在就看到二元現起了。大家都很熟悉的老朋友「二元」，其實並沒那麼「老」。從這個朦朧模糊的根本狀態中，從這完全不清明的狀態中，生起了迷惑的第二階段。第二階段是一種驚惶的體驗。從這個無明愚癡中，概念以一種類似被驚嚇的狀態開始生起，然後

❶美國俚語，指的是整天窩在沙發上，什麼事都不做，腦袋空空地只看電視。

我們便將某些東西投射為自我、某些投射為他人或他物。從那個開端，我們就開始發展出二元了。

此時之所以會生起某種恐懼感，是因為你並不清楚這個「明」的經驗是什麼；鮮明世界的體驗正在生起，但你卻不很確定自己和這個體驗之間的關係。就某方面來說，嬰兒呱呱落地的那一剎那，我們也可以在他們臉上看到這樣的驚惶。

剛從無意識的狀態醒來時，會有一種驚惶感。午睡剛清醒，有時會有這樣的感覺，至少我自己就經歷過。剛從長時間的午睡中醒來時，感覺非常奇怪，有種類似驚惶的感受。你不確定當時幾點了，你以為是早晨，但是睜眼一看，夕陽才西沉或者夜幕早已生起。這就類似從無意識回到有覺知的情況一般。在這轉換的剎那中，總有著某種神秘的感受。我說的不是一種延續五分鐘、十分鐘的狀態，那又是另一種不同的經驗。這裡要說的是，在那個乍然醒來的瞬間，你會感受到一種驚惶的感覺，有一種恐懼感，有一種失去方向感、時間感、參照點的體驗，對一切感到茫茫然。

所以，這並非是什麼新的經驗。這看來似乎是我們從輪迴無始以來就不斷在經歷的體驗。整個過程就是如此發生的。甫清醒的一瞬間，會有一種模糊不清的感知，尤其是近視需要戴眼鏡的人就更模糊了。毫無猶疑地，我們第一件事就是伸手去抓眼鏡。

會有這種惶恐或模糊不清的感受，是因爲心失去了掌控的地位。換句話說，自心失卻力量而無法保持在自身原初佛果的境界中。這種經驗有一種無力感，而從這個點上，我們就開始了二元的投射。「我」的概念生起了，從這個「我」，「他」的概念也生起了；從自與他的概念開始，我們陷入了怨敵、友誼等等概念之中。於是，那個再熟悉不過的老掉牙二元輪迴遊戲就這麼開打了。

從周遍支配一切的無明愚癡中，發展出二元的心。這個周遍一切的愚癡，就是我們一直提到的「根本愚癡」，就是我們在每個剎那的開端都認不出來的根本無明愚癡。我不是在說長遠以前發生的事，我說的是每一個剎那的開始。我們活在幻相中，以爲那個周遍一切的愚癡不在那兒。我們禪修、保持正念覺察，然而這個愚癡還是杵在那兒。它就在那兒，而且難以捉摸，它是這麼滑溜棘手，以致於我們甚至認不出它。

五毒

習氣薰染漸孳長，復次深陷輪迴生。
由是五毒煩惱增，五毒業力旋無斷。

習氣逐漸繁衍增長，
隨著習氣，發生了愈來愈陷入輪迴的狀態。
由於如此，五毒煩惱愈加增盛，因而不斷造作五毒的業力。

我們逐漸增強、固化並加深這個二元模式的印象。這個模式不斷重複著，因而變得如此固實，看起來如此眞實，以致於幾乎變成我們的一部分、幾乎變成了我們的心的本性。一想到「心」，我們想到的其實是「我」，這就是二元，逐漸地，我們愈來愈深陷於這個輪迴模式中。從根本愚癡，接著分裂出二元，五毒產生的業力行爲因而不斷增盛，然

後又衍生出永無止盡、不斷重複的五毒行爲；無論我們在輪迴六道的哪一道，身處不自覺的習性模式的機制中，讓我們更加困頓於輪迴。

一旦發展出這種強大的二元習氣，那個機制就停不下來了，它會像自動導航一樣持續下去。佛法以陶匠用的塑陶轉盤作爲比喻：一開始轉動轉盤時，需要一點力道，然而一旦轉盤開始轉動，就會不停地轉下去。轉盤轉呀轉的，要它停下來還眞有點難。同樣的道理，五毒的轉盤一旦轉動就停不下來，而且沒完沒了。你記得自己的五毒曾經停下來喘息過嗎？難得很！我可不記得自己的五毒曾經中斷過。

從無有止盡的業力相續中，輪迴固實的痛苦、我執和有毒情緒逐漸萌生，這麼一來，結果就是困頓在這個牢不可破的輪迴中。輪迴成形的發展過程，基本上是依十二緣起或十二因緣（梵：twelve nidanas）而生。從無明、行、識等等，我們內在有十二緣起的循環，外界也有十二緣起的現象，好比十二個星象週期，也就是十二個月、十二年的週期循環等等。十二因緣不斷循環重複，造成我們愈加固化自己的習性或習氣，從而又固化了自己的輪迴世界。

我們很習慣去蠱惑自己的感知，把自己耍得團團轉；我們蠱惑自己的概念、觀點和對事物的理解，這樣的習慣或習性，使我們總是深陷在這個稱爲「輪迴」的循環存在裡，在五毒煩惱的循環中困頓掙扎。習性和五毒煩惱持續不斷，就是「輪迴」。這就是我們注定會痛苦的唯一原因，這就是我們被束縛在苦惱中的唯一原因。在這裡，我們學到了一件事：輪迴不外乎就是「慣性的迷惑妄想」罷了。

根據大圓滿，五毒其實就是本覺明光的展現，我們稱之爲「五明光」（藏：*ö nga*，five luminous lights）。本覺的五明光分別是白明光、黃明光、紅明光、綠明光，以及如同普賢王如來的深藍明光。

五明光個別有其意義。智慧白明光是本覺「**無垢本性**」的展現，這完全清淨的本性、完全寂靜平和的本性，展現爲白明光。

黃明光是本覺「**功德全然圓滿**」的展現，意思是本覺饒富諸佛的一切功德特質。我們可以這麼說：本覺具足了一切，具足了能調伏眾生煩惱和我執的所有證悟智慧。這具足所有功德的特質展現爲黃光，也就是富足圓滿。

紅明光是本覺「**懷攝**」特質的展現，就像磁鐵具備吸引的磁力一般，同樣的，自心本性本覺「**能懷攝**」一切功德特質和所有智慧，這也代表一切都含攝於本覺之中，毫無遺漏。所以，我們擁有這個紅明光，能懷攝一切功德特質。

黃明光和紅明光的差異，在於富饒的黃明光的特質是「具足佛智各種不同功德」，懷攝的紅明光則代表「所含攝的這些功德，全都歸結於本覺」。本覺是這些功德特質的擁有者，因此一切都歸結於唯一的一個精髓中。這個含攝一切的唯一精髓，就是本覺，就是本初心，就是本初智。

綠明光代表本覺能「**示現所有佛事業**」。本覺具有諸佛示現身事業、語事業、和三摩地的悲心、慈愛和智慧。這些佛事業在本覺之中皆圓滿具足，這個特性的象徵就是綠明光的顯相，也就是大圓滿法所說的第四光。

第五明光就是象徵本覺「**本性不變**」的深藍明光。無論我們正在經歷什麼迷惑顯相，本覺的眞正狀態超越了這些迷惑。任何迷惑、我執或心的煩惱毒，絲毫無法損及或改變本覺的眞正狀態。自心的究竟本性就在本覺的不變本性中、就在佛智的不變本性中。總之，我們確實擁有這深藍明光。

五明光中又現起五種元素（五大）：水大由白光現起，土大由黃光現起，火大由紅光現起，風大由綠光現起，空大由藍光現起。以上就是五大。

五明光也示現出五毒的五種對境。認不出本覺五色明光的展現時，我們的感知就會有誤。我們將本覺的白明光誤解爲愚癡；將黃明光誤解爲傲慢；將紅明光誤解爲貪欲、欲望、貪著；將綠明光誤解爲嫉妒；將藍明光誤解爲瞋怒。我們將五明光錯誤地感知爲五種煩惱毒。

根據大圓滿教法，五明光可以是五毒客體，也可以視爲五毒的本體。若將五明光視爲五毒的客體對境，五明光就相應於上述所說的五種煩惱情緒；若將五明光視爲五毒的本體，五明光其實就是五方佛族。五方佛中，愚癡的本性爲毘盧遮那佛，瞋怒是不動佛，傲慢是寶生佛，貪欲是阿彌陀佛，嫉妒是不空成就佛。

五明光的確以這樣的性質而存在，因此願文說到，認不出五毒和五毒對境的本性，輪迴就開始了。每當五明光顯相生起時，我們可以嘗試去認出此五毒顯相的本性其實就是五

方佛族、就是五方佛的佛智；若是認出了，我們就會解脫。因此，普賢王如來發了這個願：

由是有情迷惑根，源於失念無明故，
以我如來之大願，願皆了知自本覺。

由於眾生迷惑的根源
即是缺乏正念覺察的無明，
透過我普賢王如來的願力，
祈願所有眾生都認出本覺。

我們的五智含攝了這五種情緒，這是金剛乘普遍所教導的，大圓滿尤其如此強調。愚癡的時候，它的本性就在法界體性智的本性中；瞋怨或煩躁的時候，它的本性就存在大圓鏡智的本性中；傲慢的時候，傲慢心的本性就存在平等性智中；感受到貪欲或執著時，貪著之心的本性就存在分別智的本性中；嫉妒或羡慕的時候，它的本性就存在成所作智的本性中。因此我們說，五毒就在五佛智之中。

儘管我們的煩惱情緒常常是五味雜陳，但「認出自己正在經歷什麼情緒」是非常重要的。貪欲、瞋怒、嫉妒等等，在某些狀態中常常混雜在一起。在一一認出它們的過程中，我們的正知（覺性）和正念自然而然就會提起，除此之外，再沒有其他方法了。

當我們認出某個情緒，比如認出了伴隨著嫉妒的強烈貪欲，這時就已經在減慢煩惱的速度了。無論是經教或密續傳統，都很強調要充分認出自己在經歷什麼。在經教中，這就是正念覺察；在密續中，我們若能看到煩惱的本性，並赤裸直觀，就會看到那個智慧的本性。不需要以邏輯作任何推理，不需要概念化地禪修任何東西，只要認出它、觀察它就好；無論是法界體性智、大圓鏡智或其他佛智，你將會看到那個智慧的本性。如果能夠毫

無概念地與之同在，你就會體驗到那個智慧。這就是爲何去「認出」它是如此重要。

第一步就只是觀察，單純地認出當下的情緒，然後看著它如何發展或繼續。就這麼單純地觀照它即可。禪修初期，重要的是看清楚自己的情緒正在生起，光是這點就已經是很有效的方法了。就金剛乘的觀點而言，觀照情緒的方式是「不阻止情緒的生起」。認出情緒之後說：「對，這是貪欲」，然後卻又試圖阻止情緒的生起，那問題可大了。在金剛乘中，抗拒情緒是行不通的。

不要試圖阻止情緒，而是要讓它發生，邀請它到來，更赤裸直接地看著貪欲的本性，看著瞋念的本性，看著愚癡的本性，看著一切事物的本性。一旦領受過金剛上師直指心性的教訣，我們就會知道如何觀照它們、如何看著它們。我們不需要拋棄什麼才能去到某個叫做「解脫」的地方，而是在每個當下觀照情緒，這個簡單的過程就會即刻帶來解脫。貪欲的本性之中就有解脫，瞋怒的本性之中就有解脫。

若能瞭解如何在這樣的狀態中觀照煩惱，我們就會在貪欲等煩惱的本性中找到解脫。

大手印止觀禪修包含了止息煩惱的「止禪」法門，以及觀照煩惱的「觀禪」法門；大圓滿傳統中，還有能斷除煩惱的「立斷」法門（Trekchö），以及能體驗到煩惱和煩惱心之明光本性的「頓超」法門（Thögal），這些法門的細節，必須在得到直指心性的教導後才會學到。

所以，我們要祈願所有眾生都能認出自己的覺性，因爲覺性即是自心的根本本性。沒有認出覺性，我們便落入愚癡的迷妄和娑婆的輪轉之中。這就是大圓滿的觀點，很簡單不是嗎？

以此普賢王如來願文發願時，要憶持五毒的本性來做祈願；要記得束縛我們的輪迴鎖鍊和輪迴世界發生的過程，如此來做祈願；要憶持本覺、五佛智、普賢王如來五方佛族的眞實本性，如此來做祈願。祈願時要這麼說：

祈願所有眾生認出自己的明覺。

普賢王如來這麼祈願，是爲了讓所有眾生遠離輪迴的迷惑，以及迷惑之因。迷惑的起

因就是沒有正知（覺性）和正念。我們自己已經開始認出、開始熟悉本覺本性了，因此我們也要祈願一切有情眾生都能認出這個眞實本性，祈願他們不再毫無正念、毫無覺知，並能得到智慧來認出自己的明覺。

迷惑之根

前面的章節討論到根本無明，由於這個根本無明，我們落入了原初、俱生的無明愚癡中。

俱生愚癡之無明，是爲散亂失念心。

俱生的無明愚癡，即是一種散亂、不覺知的心識。

「原初」或「俱生」（connate）比起「俱時現起」（co-emergent）更能形容這個愚癡無明的狀態。「俱時現起」的意思是兩個不同的東西融合在一起，就像是兩條線交纏一般。「俱生」比較正確，因爲是同時生起的同一本性。從俱生的無明，又導致了錯謬想像的無明愚癡，藏文是「昆達」（*kundak*），佛學名相是「遍計所執」❷，也就是一種歸類概念、貼標籤的無明。以上對「俱生無明」、或錯謬想像的貼標籤「遍計所執無明」的定義，對我們的理解都很有幫助。從三種無明愚癡開始，我們逐漸陷入二元堅實的粗分實相中。三種無明就是：一、唯一自性無明（dominating ignorance，藏文：*dag nyid chig pu'i ma rig pa*）❸；二、俱生無明（connate ignorance，藏文：*lhan chig je pe ma rig pa*）；三、遍計所執無明（ignorance of false imagination，藏文：*kun tu tag pe ma rig pa*）。

普賢王如來說，俱生無明就是無意識、不覺知、沒有正念覺察，是缺乏覺性的。與自心同時生起的唯一自性無明帶來了俱生無明。俱生無明隨時都跟我們的心識和覺性同在，我們知道它就在那兒，然卻總是認不出它。這一刻，我們告訴自己要去認識它，但下一刻，我們卻與它擦肩而過；再下一刻，我們又提醒自己，然後，又再度錯過它。「一而再、再而三地認不出唯一自性無明」，就是俱生無明。

---

❷《藏漢大辭典》遍計所執：自取分別心所增益之假有。於一切事物遍起計度之意識，虛妄執著人、法，增益為我、我所及名言等。白話意思為：執取分別心所想像或臆測出來的虛假現象。對一切事物普遍地生起「貼標籤」和「判斷」的意識，虛妄地執著有衆生與現象存在，並且進一步將這些認為是「我」、「我的」，以及種種世間言詮、術語等。

❸《讓炯耶喜藏英辭典》ignorance of single identity, the ignorance of individual selfhood：單一自我的無明。

俱生無明就是一種「不認識」或「認不出」的狀態，但即使心識完全處於愚癡狀態，沒有覺性的時候，本覺或本初覺性其實還是在那兒；感受到強烈情緒的當下，俱生無明也存在本覺的根本狀態中。這就是「俱生」的意思。在「**體驗到**愚癡」的那個當下，它其實就已經在本淨智慧的本性中。這並不是說兩者同時出現，而是說，本淨智慧就是俱生無明的根本本性，愚癡與智慧的本性是相同的，它一直都在那兒。總而言之，這個無明愚癡的性質就是「不覺知」。

唯一自性無明伴隨著每個剎那的心識一同現起，這時，愚癡和覺性是並存的。如果愚癡現起時，覺性沒有同時現起，那麼覺性就不會是心的本性。根據偈言，此兩者在此時是同時存在的，所以我們說，覺性和愚癡是俱時現起的兩個元素：覺性就是本覺，是「明」，而愚癡就是「無明」。

俱生無明並不是一般所想的分心散亂，例如：不是「聽到聲音之後，就分心去注意它」，也不是「看到一個景象，就分心去注意它」。此處所說的不是一般散亂的起因，而是指「從本覺中分心」的一種非常微細的散亂狀態。我們稱之爲「不繫念」或「失念」，或是「不覺知的心識」（mindless cognition），光是「不覺知」本身就是一種分心散亂了，這是修道上會體驗到的最微細的散亂。

我們通常認爲散亂是一種活躍的狀態，覺得它是外境和六種感官感知之間的二元互動。但此處所說的散亂，純粹是一種沒有正念、不覺知的狀態。這種散亂指的是先前提過的「無意識」、「沒有察覺」的根本感受。俱生無明並不是概念心，而是根本的無明愚癡。根據密續經典，這種「俱時現起」或「俱生」的狀態其實是無生的，沒有眞實的存在。它的本性就是本覺，是本淨本性中全然清淨的狀態。從本覺的觀點來看，並沒有所謂俱生無明的存在，但是從有情眾生的觀點來看，沒有認出本覺時，就會有俱生無明的出現。

遍計所執之無明，即執自他爲二元。

貼標籤的遍計所執無明愚癡，就是將自與他執著為二元。

從俱生無明，又發展出錯誤想像的「遍計所執無明」，也被說為「貼標籤的無明愚癡」（ignorance of imputation），就是把自身本覺展現而出的顯相，誤以為是有別於本覺的東西。我們將本覺的展現看成「他」物，以自他有別的方式與之互動，此時，我們便開始經歷貼標籤、概念化和臆測想像的過程。

舉例來說，我們有時會將自心的明光顯相貼上「敵人」的標籤，有時則貼上「朋友」的標籤。但事實上，我們只不過在經歷自己的虛構想像而已；我們內心所看到的，並不是眞正心裡想到的那個人，而只是自己的概念和念頭罷了。因此，敵人就在自己內心，在最根本層次上與我們同在，外界並沒有任何事物存在。在本覺中，那個「敵人」的概念其實是心的明分或明光，也就是心鮮明清晰的部分，我們將心的明分錯認為存於外界的對境，錯認為存於外界的敵人。

俱生無明是貼標籤和歸類概念的基礎，就像一張畫布，我們可以在上面塗畫各種圖像，先有畫布，才能作畫，讓我們的想像力具象化；而貼標籤的遍計所執無明，則好比畫布上的基本圖像。

中觀邏輯和佛性如來藏見地的「俱時現起」和「遍計所執無明」，常常被提出來探討，這是唯識、中觀和金剛乘見地中普遍都會提到的。

遍計所執的貼標籤過程非常微妙。儘管我們把遍計所執無明的發生，算爲「一個過程」，實際上，其中還分有許多不同層次。我們心中通常同時發生著許多貼標籤的過程，念頭的鍊圈是多重的。我們說：「貪欲是好的，我們應該要有貪欲。」這個貼標籤的概念過程並不能眞正啓發我們，它既不是情緒本身，也不是原本的念頭。我們把所有貼標籤的過程加起來，歸總爲一個。這個貼標籤的過程在心流中播下無明種子，又讓種子發芽長大，方式是非常微細的。

遍計所執無明與我們錯認爲外境的五明光息息相關，所以說遍計所執無明就是「錯誤的想像」。此處偈言說到，遍計所執無明的最粗分就是將自他分爲二元。貼標籤的過程，此時已發展到清楚看到二元分界的階段，這就是遍計所執無明的最後階段。

俱生遍計二無明，眾生迷惑之根基。

俱生無明和遍計所執無明兩者，即是一切有情眾生迷惑的根基。

由於俱生無明和遍計所執無明，我們陷入貪欲、瞋怒和愚癡中；由貪瞋癡驅使的行爲，我們落入更深的無明愚癡中。輪迴的一切幻相，就從這個簡單的二元分裂開始。無論是痛苦或快樂，一切都起源於無明愚癡。願文說到，俱生無明和遍計所執無明，就是讓所有眾生變迷惑的根源，是輪迴一切幻相的根基和起因。

唯一自性無明、俱生無明和遍計所執無明，三者的助緣是「四緣」（藏：*jen shi*，four conditions）或四種條件。第一是「因緣」，也就是認不出根的展現，意思就是：沒有認出種種顯相皆從明光、本覺或自心赤裸本性的根基上生起。

第二是所緣緣，也就是心攀緣的對境。迷惑妄念等都是透過所緣緣而生起。本覺的各種展現以明光的形式生起時，我們卻將之錯認為輪迴無明感知的對境，這就是所緣緣。

第三是增上緣，也就是我執。我們的老朋友「我執」就是根本上的支配條件，亦即造成主要影響的條件。

第四是等無間緣，也就是以上三個條件的俱時現起本質。因緣、所緣緣、增上緣三者一同生起，即稱為等無間緣。當三種無明和這四種條件都聚合時，我們就會經歷輪迴的迷惑幻相。

接下來這偈願文非常優美：

> 以我如來之願力，祈願輪迴有情眾，
> 失念闇昧皆除淨，二元執著心澄清，本覺本貌祈得證。

透過我（普賢）佛的願力，祈願一切輪迴有情眾生，
無有覺知的厚重遮障得以掃除淨化，
二元分別的執著釋然澄清，
願他們都能認出本覺的面貌。

有個英文詞彙 thick-skulled，字面是頭殼粗厚，也就是愚蠢魯鈍的意思——輪迴眾生就是這樣，大家都是頭殼粗厚的愚癡眾生，「一切輪迴有情眾生」當然包含了你我在內。我們對涅槃或解脫的觀念沒什麼接受力，我們之所以沒有證悟，是因為自己不太想要證悟。

佛陀在開示中提到，這種抗拒來自於對自我的執著。自我或我執，是我們的老朋友了，億萬年來跟我們是如此親近。我們跟這位老朋友分享了如此多的生命空間，以致於和自己的眞實存在、眞實本性完全失去了連結，錯認我執爲眞實的自我。

現在，我們很難下定決心把這位老朋友趕出門、把它從生命空間中驅逐出境。一方面，我們內心有一部分想著：「這個朋友爲我帶來了許多痛苦，眞的很想要它滾蛋！」但另一方面，我們卻仍舊很執著它，因爲它親近到幾乎變成了我們自己。

這個「不想要證悟」的問題，來自「無法放下我執」。克服這個問題的方法，就是看到我執從未帶來任何正面的結果，如果可以看到這點，我們就會更想要出離我執，更想出離輪迴，這麼一來，就可以跟這個壞朋友從此毫無瓜葛。

在心靈修道上，我們看到了自由解脫的機會，看到了脫離討人厭的習性的機會。這些習性對我們已經沒什麼吸引力了，例如，頭兩次去麥當勞還滿有趣的，第三次之後就沒那麼好玩了，但是因爲已經養成習慣，即便已食之無味，我們還是會一再回去光顧。

修道是沒有捷徑的。如果有人說修行很容易，不需要精進用功，那就錯了。無論學什麼，都需要一定程度的精進和努力，投入精力堅持下去的話，我們就會達到遊刃有餘的程度。但是剛開始一定要鞭策自己，而爲了鞭策自己，就會需要紀律或戒律。所以，六度波

羅蜜的修持非常實用，六度波羅蜜是密續和經教的共通修持。我們可以先以紀律砥礪自己，這是精進的因，而且紀律也可以強化我們的精進。但是，只有在生起出離心和看到自由解脫的機會時，精進才可能生起。這是環環相扣的。

因此，這裡我們要如此發願：「祈願一切輪迴有情眾生無有覺知的厚重遮障，都得以掃除淨化。」這是很美的願文。在做這個祈願時，很重要的一點是，應該先思考三種無明的本性，也要思維本覺的本性和展現，然後才做普賢王如來的祈願。

弟子：唯一自性無明和俱生無明之間的差別，是時間點上的差異嗎？

仁波切：唯一自性無明發生在最開始的時候。因為發生的時間點相當早，無怪乎不容易看得清楚。剛生起的那一剎那，我們看不到它的生起。俱生無明則發生在覺性的每一剎那中，比較像是唯一自性無明的相續狀態。就某種程度來說，這兩者非常類似：它們的本質都是無明愚癡。這就像是佛五智之間的異同一樣。一方面，這兩者是如此相似，實在無法一分爲二；但另一方面，它們的特性又有點不同。

弟子：業力和無明，哪一個先發生？

仁波切：唯一自性無明導致了業力輪迴的發生。因爲有唯一自性無明，就產生了業力；因爲有業力，無明又更增盛，更加覆蓋了本覺。無論是經教或密續的說法，發生順序都是從無明開始。舉例來說，十二因緣起始於無明，由於無明愚癡，我們造作許多惡業，好比傷害他人等等。因此，無明是一切的開端。

經歷十二因緣的循環無數次之後，我們常常以爲這一切都從業力開始。由於如此，我們就更加無明，於是一切又重新開始循環。總之，這個循環肇始於無明，而惡業又更強化了無明。

弟子：您說，我執是個壞朋友，但眞正的問題應該是自己與情緒之間的關係吧？

仁波切：有不同的理解和觀點當然是件好事。然而，舉例來說，我不認爲嫉妒能幫助我們證得智慧，嫉妒是非常難以克服的煩惱，具有強大的破壞力。但在這同時，我們又需要利用某些情緒，才能超越情緒。因此，我們並不需要先全盤否定所有的情緒。

這就是爲何菩薩不將欲望全部斷除。他們需要欲望的某個元素才能乘願回到這個輪迴世界，以便利益有情眾生。因此，他們保留了一部分的貪欲，但這個部分是由悲心轉化了。所以說，有些情緒是必要的，但嫉妒這個煩惱可能沒什麼益處。

或許你說的不是嫉妒，而是抱負或雄心壯志，例如，「我想要像釋迦牟尼佛或過去諸佛一樣」或「我想要像往昔成就者一樣，證得菩提。」這樣的抱負一開始是非常重要的。這並不是件壞事，在修道後期，這些都會得到轉化。或許，嫉妒在某些層面上會有些幫助，好比你的同修道友進步的比你快，你就會更努力，在修道上變得更精進。如果是這樣的話，嫉妒有時或許還眞的有點益處。

現在我想說說與無明的關係。基本觀點是：無明愚癡一直都是問題所在，我執一直都是個麻煩人物，所以根本上，我們要看待我執爲一切痛苦的起因。前面我們探討過，愚癡的本性與毘盧遮那佛的本性相同，這時關係就不同了，愚癡在本性的階段並不是個壞蛋。愚癡的本性就在毘盧遮那佛之中，這個愚癡的本性就是法界體性智，就是佛身的示現。佛法修道的不同層次對於這個關係，各有不同的觀感態度，因此可以說，這個關係是多元化的。不過，佛教的根本觀點認爲，在修道初期，培養對證悟的欲望是非常重要的。

無論是誰在談論佛法，他都只是在反映自己的觀點、主張和理解。所以，當我在解說「普賢王如來祈願文」時，也是用我自己的理解、我所受到的訓練和修持，以及我自己的體驗來說明。這只是我的感受、我的認知，請大家務必要瞭解

這點。同樣的道理也適用於其他課程主題。

我們應該了悟的是究竟上的道理，應該去品嚐它、體驗它，然後我們就會說：「啊，這就是了！」我認爲，我們不應該將任何演說者的話當成絕對權威，這點非常重要。沒有絕對權威這回事。如果有什麼絕對權威可信服，那就是釋迦牟尼佛了，祂的言教和開示都是可信服的。所以，我們可以將佛陀在佛經中所教導的一切，視爲某種絕對權威。除此之外，總是要記得這麼說：「這是龍樹菩薩的見地」或「這是無著菩薩的見地」等，這點非常重要。

第六部

二元

二元之心為疑也，由生微細貪執心，粗重習氣漸次增。
財食衣住與友朋，五妙欲及親眷等，悅意貪染作惱熱，
此皆世間迷惑也，由是能所業無盡。

貪執之果成熟時，投生餓鬼貪逼苦，飢渴交迫極悲慘。
以我如來之願力，祈願貪執諸眾生，
貪欲奢望不捨棄，欲望執著不納取。
心識如實自寬歇，本覺原處自安住，佛分別智祈得證。

於諸外境之顯相，現起微細怖畏心，
由是瞋怒習氣增，粗重敵意打殺生。
瞋怒之果成熟時，地獄煎熬極苦痛。
以我如來之願力，祈願六道有情眾，
粗重瞋怒生起時，不取不捨自寬歇，
本覺原處自安住，清明本智祈得證。

自心由現驕慢故，競爭詆毀他眾生，
粗重慢心亦生故，自他征戰受苦痛，
彼業果報成熟時，生為天人受墮苦。
以我如來之願力，祈願驕慢諸眾生，
彼時心識如是歇，本覺原處自安住，平等性義祈得證。

二取增生習氣故，自讚毀他長苦惱，
彼生博鬥競爭心，投生鬥殺阿修羅，果報下墮地獄道。
以我如來之願力，祈願心生爭鬥者，
不作敵意自寬歇，心識原處自安住，無礙佛行本智得。

失念癡捨成渙散，蒙黯昏沉與忘失，
昏迷怠惰愚笨故，流轉無怙旁生果。
以我如來之願力，祈願魯鈍愚闇中，
生起正念清明光，離念本智祈得證。

貪著快樂

顧文接著說到與不同煩惱毒有關的偈言，這些煩惱跟六道的心理狀態和根本痛苦息息相關。其中也探討了一些方法，告訴我們如何處理每一道的煩惱；顧文就大圓滿的觀點提到了一些法門，可以斬除那束縛封閉的煩惱的根本起因，並說明各種煩惱的智慧本性。

先前我們討論了微細的無明，這是屬於微細層次的起因，現在我們要看的則是輪迴的粗分層面。

> 二元之心爲疑也，
>
> 二元對立的心識，就是一種疑惑，

這是一種「沒有清晰地感知任何實相」的根本感受，是一種根本上的不清楚，這個「不清楚」的本質就是「疑」。如果再仔細思考，「覺得不清楚或不清晰」其實就是一種疑

惑。疑惑從「無明」生起，也就是此處所說的主客體二元對立。從這個觀點來看，二元就是疑惑，而疑惑似乎就是二元的微細本質。這個二元就是輪迴粗分層次的根本起因。

由生微細貪執心，粗重習氣漸次增。

微細的貪執生起後，就逐漸形成了粗重的習性。

偈言說明的是：從俱生無明和遍計所執無明，逐漸形成貪欲和執著的過程。貪執從二元無明的重複運作而逐漸產生，但這不一定是有意識的貪執，那個機制只是機械性地重複下去。這個日復一日不斷循環的無明輪迴行爲，是一種微細的渴望，是一種微細的貪執。從微細貪執中，逐漸發展出粗重強烈的慣性執著和習性。因此，普賢王如來選擇先說明貪執形成的過程。

舉例來說，你偶然一次開始抽菸，看起來很無辜，也沒什麼大不了。朋友歡聚逸樂的場合，沒有本覺的約束限制，你覺得自由得不得了。第一根輪迴之菸之後，便是第二根、第三根……一開始其實只是一種機械式的行爲，我們開始做某件事了，但那件事卻隱藏著某種微妙的渴望。在潛意識的動作中，一個微細的貪執產生了；那個潛意識的欲望或渴求開始孳長，最終變成了難以戒斷的習慣。貪欲，就是難以戒斷的渴望，是透過重複的行爲養成的。

財食衣住與友朋，五妙欲及親眷等，悦意貪染作惱熱，
飲食、財富、衣裝、居處和友伴、
五種美妙的貪欲對境、以及摯愛的親友等，
讓我們被「渴求所喜之物」的染污貪欲所折磨，

於是乎，我們被貪欲折磨得痛苦不堪。在人道中，我們渴求飲食、財富、衣裝、住處和伴侶。這只是一些例子而已，這裡指的是我們在輪迴欲界裡憧憬渴望的所有人、事、物。我們應當小心覺察這種貪欲和執著，這點非常重要。

有時我們覺得自己對財富沒什麼貪著，特別是窮困潦倒的時候。貧窮時比較容易覺得自己不貪。有句話說：「爬藤高處上摘不到的葡萄是酸的。」這麼說是因爲葡萄太高摘不到。重要的是，我們要眞正去觀察自心，看看自己有什麼貪著。我們必須看清自己不善於面對的那些渴望。

有時我們誤以爲自己沒有那種貪求、欲望或渴求。打個比方，如果問和尚和尼姑是不是會被異性吸引，很多人聽到答案後都很震驚。如果答案是：「是的，老實說，我的確有這樣的貪欲。」大家就會大驚失色說：「和尚尼姑怎麼可以有貪欲?!」事實上，就是因爲有貪欲，才要出家，努力克服貪欲。如果有和尚尼姑說自己沒有貪欲或渴望，那就是漫天大謊，除非這個人已經成佛或證得阿羅漢果。千萬不要誤判這類現象。無論是僧尼或在家人，無論是富人或窮人，無論在社會的哪個階層、是什麼身分，我們全都在經歷貪欲、渴望和執著的折磨，這是大家共同的經驗，清楚看到這點是非常重要的。

所以普賢王如來指出，我們心中都有貪欲。我們貪求飲食、財富、衣服、房子、伴侶和慈愛的朋友。我們貪著五種美妙的感官經驗，也就是眼、耳、鼻、舌、身五種感官所感知的對境。我們著迷於美麗的色相、悅耳的聲音、芳香的氣味、鮮美的味道，以及舒服適意的觸受。

這裡我們首先要處理、面對的，就是貪執或欲望；貪執其實是所有眾生最難忍受的痛苦。要認知到這點比較難，因爲我們總是以爲痛苦和折磨來自於仇恨、憤怒、爭鬥心等等，但是放眼觀察世間的痛苦，你會發現，從貪欲生起的痛苦最難受。試問，有多少人曾被鬥爭、仇恨、打鬥或肉體的傷痛實際傷害過？可能沒有那麼多。但如果算算有多少人被貪欲、執著或欲望傷害過，我們全都有過這種傷痛的經驗，而且還不止一次！這樣的貪欲和執著持續不斷地傷害著我們。

眾生皆因貪求妙欲而受苦，因此寂天菩薩告訴我們，輪迴之樂就好比刀刃上的蜂蜜。舔食蜂蜜時，蜂蜜很甘甜美味，然而我們卻忘了蜂蜜底下就是刀刃的鋒利面。

此皆世間迷惑也，由是能所業無盡。

這些都是世間的錯亂迷惑，由此，能所二元的業力無止盡地衍生。

偈言的意義是，我們對五種感官對境的感知，以及概念性的經驗，純粹只是主體和客體的二元現象。也就是說，這些全都是迷惑妄念，是幻相，是自心的展現，「外在美麗世界」並不存在。即便以世俗智慧來說，我們都聽過：「觀者眼中出美景，情人眼裡出西施。」但我們通常很會漠視這樣的智慧。就好比精明的律師一般，這種「擅於漠視事實」的心態，終會導致虧空失敗。

執著的結果

上一章討論了根本無明如何發展爲煩惱的心續，因而導致各種痛苦，此處，普賢王如來接著說：

貪執之果成熟時，投生餓鬼貪逼苦，飢渴交迫極悲慘。

貪執的果實成熟時，就會投生為餓鬼，受著貪欲的痛苦。他們又飢又渴，多麼悲慘呀。

「貪著」或「貪欲」的煩惱心毒生起時，結果就是隨之起舞而做出各種行爲。這並不只是單純的憧憬與渴望，主要的煩惱情緒其實是貪欲、執著。由於貪執的煩惱，我們做出瞋怒、嫉妒、傲慢等行爲，這些行爲都會導致投生於三惡道。

我們會執著物質，也會執著情緒。若是執著了人事物、放不下，就會成爲投生餓鬼道的成因。餓鬼道的折磨無有間斷。佛教藝術中，常見到描繪餓鬼道有各種不同形象的受苦鬼魂。

餓鬼道充滿了束縛封閉的心理痛苦，眾生飢渴交迫，代表的是一種極端匱乏的心理狀態。無論佔有多少、擁有多少，都覺得不完整、不滿意，眾生仍舊感到飢餓、口渴、想要更多。我們如果太貪著、對於所渴求的人事物過於執著，這種執著的負面結果，就是帶來餓鬼道的體驗。

股票市場就是一個很好的例子。不過一會兒，十萬元在我們眼中就成了零頭小錢，接著，賺一百萬也不夠塞牙縫，然後又貪求千萬、億萬，沒完沒了，直到一天，股市崩盤，賠得一毛錢也不剩，連房租和水電費都繳不出來。這就像是餓鬼道的體驗，欲望太多、貪執太強、極端的匱乏感過深、或者過於不滿足，這些都會讓我們體驗到餓鬼道的痛苦。

餓鬼道是無止盡的欲望之旅。在餓鬼道中，眾生無法享用他們擁有的任何東西，連一點點都享用不到，在此同時，又急著尋找其他資源，渴求更多、更多、更多，無有饜足。

餓鬼道眾生養成了執著、貪婪、吝嗇的習性。貪執之心就是執著某事物，且無法放下。舉例來說，我們通常不想放下快樂，只想緊緊抓在手中；如果你擁有某些資源卻吝於分享而緊抓不放，就會多一種不好的習慣。

這種習慣是一種無意識的機制，無論是執著好的快樂，或是執著於壞的瞋怒與嫉妒，我們都因此發展出相同的「執著」習慣，直到不知不覺養成了執著的無意識機制。欲望是壞習慣的根源，因爲欲求不滿，我們不願放下壞習慣；因爲執著，我們捨不得放手。

餓鬼道的一部分心理狀態也存在人類的心靈中。佛陀曾說，人道的痛苦之一，就是匱乏的心態，這也是餓鬼道最大的痛苦之一。但會感到匱乏也是人之常情。

這種匱乏感非常危險，我們應該清楚指認並善加面對，這點異常重要。如果沒有善加處理，就會將世俗的執著心和煩惱帶到心靈修道上。踏上這趟心靈之旅後，我們應該清楚覺察自己的匱乏感，去克服它。有句俗話說：「鄰家庭院的草地比較鮮綠。」從屋裡往窗外看去，鄰居的草坪看來似乎比自家草坪更碧綠，於是我們出價買下鄰居的庭院，接著又看到下一位鄰居的庭院，覺得那片草坪看起來更好更綠。

這種情形也會發生在心靈修道上。我們先是跟著一個傳承修持，或學習某一個禪修法門，一看到別的傳承或法門，又覺得別的比較好。修止禪的時候，觀禪看起來更高明，金剛乘的不共加行也一定比止禪更高超，於是就一股腦兒跳進觀禪或不共加行中，之後又重蹈覆轍，想想，那些修持觀禪的行者好像還是比較厲害，進步得比較快，於是又回頭去練習觀禪。修大手印時，大圓滿看起來似乎更誘人，便跳修大圓滿，之後又重蹈覆轍，想到我們的煩惱並未淨除，所以又覺得大手印比較高明。這個反反覆覆的過程，令人疲於奔命，因此，心靈修道上勢必得去處理這樣的匱乏感，這是非常重要的。

我們雖有了一個好上師，卻又覺得別的上師好像比較慈愛、善巧、有智慧等等，於是又在不同上師之間來回奔忙，做什麼事都這樣重蹈覆轍，這種雜亂無章的修道，我們也稱爲餓鬼道。

若要超越餓鬼道痛苦的折磨，我們必須去面對、處理這種匱乏感，才能超越無盡欲望、無盡貪欲、無盡需求的折磨。餓鬼道的痛苦，那永無休止的渴求，就是永遠都得不到滿足。

佛教傳統藝術中描繪餓鬼坐在美麗的湖畔，然而，他們的喉嚨卻有火焰在燒灼；儘管喉嚨都著火了，他們還是那麼吝嗇，他們以爲去喝湖水，整座湖就會被喝光，於是堅持不去喝。不過據說餓鬼即使喝了水，體內卻更熾熱如焚，因爲他們總是擔心會把水喝光。假使我們不夠正念覺察，這種餓鬼心態隨時都會發生在我們身上。因此，普賢王如來說：

以我如來之願力，祈願貪執諸眾生，
貪欲奢望不捨棄，欲望執著不納取。

透過我（普賢王）如來的願力，
祈願貪婪的有情眾生
無須捨棄對貪欲的奢求期望，也不執取對欲望的執著。

此處我們要祈願，因貪戀、貪愛、貪著和欲望而受苦的一切有情眾生，既不壓抑這些煩惱，也不會被煩惱所支配。此處所教導的修持方法是，每當情慾、貪愛、貪著和欲望生起時，不要拒絕或捨棄，而是要讓它們到來，讓它們生起。

壓抑貪欲是不需要的，貪欲的顯相並沒有不對、不好，貪欲或欲望赤裸無遮的能量，其實就是佛智的境界。欲望生起時，我們可能會經歷貼標籤的過程，或將貪欲赤裸無遮的能量加以概念化，因此願文說到，每當欲望生起時，切莫被這貼標籤和概念化的力量所控制。

我們經歷貪欲的巨大能量，但通常稍後就會將之概念化，概念形成了環環相扣的念頭和標籤鎖鍊，然後又帶來各種不同的情緒，好比瞋恨、嫉妒等，爲我們製造許多麻煩。

此處的禪修方法是，不要被情緒和概念的重複行爲的鍊圈套牢，只要單純地體驗情緒，不拒絕也不執取。沒有任何念頭、沒有貼標籤的過程，就只是體驗這原始自然的能量，安歇在這空間裡。願文說，這將會帶來圓滿的分別智，相應於西方阿彌陀佛的佛智。

偉大的印度瑜伽士薩惹哈說，如果不去擾動散亂焦慮的心，它就會沉靜下來。問題不在貪欲，不在貪戀或欲望，問題出在我們總是禁不住要干擾它們，不讓它們做自己。我們

貼上各種標籤、生起各種想法來干擾它們。我們不讓情慾當情慾自己，不讓欲望當欲望自己，不讓貪愛當貪愛自己，心於是變得散亂焦慮。

不要拒絕或捨棄欲望的渴求，這點非常重要。問題是，在看到欲望的過失，看到執著、貪著和貪欲的負面影響之後，我們有時又陷入了另一個極端，想要完全捨棄或拒絕欲望。這裡所說的捨棄或拒絕，指的是小乘的修道，也就是想要從輪迴貪欲、欲望和快樂的愉悅享受中逃離。小乘行者遇到愉悅享樂時，會生起小乘戒律的恐懼——看到美味的果實，他們卻不敢摘採。

小乘戒斷欲望的方式就是逃離欲望，修持方法是思維欲望的過患和不好的一面，例如禪修不淨相或白骨觀、無常等等。大乘戒斷欲望的方式則以空性爲基礎，修持方法是超越欲望、超越貪著、禪修菩提心及如幻三摩地（梵：illustion-like samadhi）。

菩薩看到一切世俗相對經驗皆如幻、如夢、如海市蜃樓。祂們有時會接受欲望、貪欲或其他情緒，但祂們經歷這些情緒時，看待它們就如同幻相一般。菩薩以超然的方式接受欲望，祂們看到欲望是「無我的貪欲」或「無我的貪著」，這其實還有一種「不直接接受情緒的赤裸粗獷」的感覺。因此，此處的「捨棄」有兩種層面，一是小乘的完全戒斷、拒絕，二是以大乘「超越」的觀點來捨棄。

在金剛乘修道上，我們有時會運用某些接受欲望、貪欲和貪著的修持方式；在一些修持中，要蓄意生起貪欲、故意激發貪著，它們是金剛乘修道上藉由生起欲望和貪欲來做修持的部分法門。從金剛乘的觀點來看，行者生起的貪欲愈強，大樂體驗的展現就愈有威力，就好比森林開始著火時，強風能助長火勢一般。

普賢王如來的祈願是，希望有情眾生不要用極端的方式隔絕欲望，但也不要盲目接受貪欲的執著。

心識如實自寬歇，本覺原處自安住，

自然鬆坦安歇在心識本來狀態中，願本覺自己安頓於原處。

從大圓滿的觀點來說，不一定需要刻意生起貪欲、貪著或欲望。大圓滿禪修欲望的方式是：如實地放鬆心識。就如同大手印法門一般，讓心如實地在貪欲中放鬆，安住在貪欲的根本體驗之中。

在大圓滿中，沒有「貪欲需要棄絕或接受」的觀念。在這個層次中，「貪欲」或「貪欲之心」的根本狀態，原本就在圓滿的證悟境界中。我們要祈願的是讓貪欲安住在貪欲原處，讓本覺如實安頓在貪欲之中，這樣就可以了。就這樣赤裸裸地直接面對欲望的原始能量，也無須用小乘、大乘、金剛乘的觀念來造作什麼。這種單純安住、全然浸淫其中的離戲純然，就是大圓滿所說的解脫之鑰。所以，我們接著要這麼祈願：

佛分別智祈得證。

祈願眾生皆能證得（佛）分別智。

分別智就是貪欲的本性。這直接說明了情緒的本性和大圓滿修持的本性，間接也告訴我們：若是陷入貪欲的情緒中，結果就是投生餓鬼道。

無論生起什麼情緒，讓情緒處於自己原本的狀態中，單純直接地體驗它。然後，如願文偈言所說，讓本覺安頓於原處。這個意思是，本覺就只是回歸到自己的本然狀態而已。你只是讓它做自己，也就是本覺的本性。

如果知道如何安住於貪欲的狀態中，就會得到解脫。我們做祈願，希望包含自己在內的一切有情眾生，都能證得本覺和圓滿分別智的境界。這就是此處要做的祈願。

處理其他煩惱情緒的教法與此處的模式相同，這些教法能夠改變或轉化煩惱、投生的界域和智慧。除此之外，這些教法處理每種煩惱的方式沒有絲毫差異。

瞋怒的結果

願文下一偈是關於瞋念：

於諸外境之顯相，現起微細怖畏心，
由是瞋怒習氣增，粗重敵意打殺生。
瞋怒之果成熟時，地獄煎熬極苦痛。

對外境的種種顯相生起了微細的恐懼心，
瞋怒的習性由此增生孳長，造成粗重的敵意、打鬥、殺戮等。
當瞋恨的果報成熟時，眾生在地獄中受到燒灼煎熬，多麼痛苦啊！

眞是愈來愈精彩！我們探討的不只是瞋恨心，也包含其他煩惱情緒在內，好比貪欲、嫉妒等等，只不過此處要討論的、於心中湧現的煩惱，是瞋怒。

願文說到，眾生的根本恐懼就是一種「害怕失去」的感受。我們一開始先是對日常生活經歷的某些外在顯相，好比自尊、名聲或身分地位等，生起了「害怕失去」的微細恐懼感受。這是一種對外界顯見對境的恐懼，包含想要得到更多力量、更多財富、更高的身分或職位等。這種恐懼與根本上的傲慢和嫉妒心有關；當然，傲慢和嫉妒稍後也會生起，但所有煩惱情緒都跟這個恐懼感息息相關。就好比貪欲的發生與瞋恨有關，瞋恨的發生也與貪欲有關，以此類推，情緒之間有著互動關係。

從微細的恐懼感，瞋怒的習性逐漸形成。所有輪迴眾生的自我都有這個根本恐懼，這就是瞋恨心的開端。根本恐懼逐漸形成瞋怒的粗重面，由這粗重的瞋心開始，發生了某些衝突爭鬥，然後發展出愈來愈大的仇恨心。

爲了保護並達成以自我爲中心的觀點，我們的爭鬥心變得愈來愈強烈。它是自我用來保衛恐懼感的好工具，這就是憤怒的主要作用，而這又讓我們養成了憤怒的習性，就像貪欲的發展過程一樣。當爭鬥心一步步演變爲粗重強大的恐懼感時，就會產生明顯的肢體暴力、語言暴力和心理暴力，我們的身、語、意於是變得非常凶暴。

暴烈的心帶來了暴力行爲，這些暴力行爲又產生仇恨的結果。在佛法中，仇恨的最後結果就是投生地獄道。瞋恨或憤怒讓我們投生地獄道，或是讓我們覺得痛苦至極，好像活生生的地獄一樣。描繪地獄道的圖像中，可以看到眾生被燒灼、煎煮，但我們不必以爲眞有這種景象存在，這其實是象徵性的描繪。這根本的象徵描繪了兩種痛苦：極熱與極冷，兩者之中，一般比較著眼在極熱的痛苦，因爲它比較相應於瞋怒與仇恨的感受。

根據大乘和金剛乘見地，六道代表著某種心理狀態。無論是大乘經典或金剛乘密續，都提到六道是「唯心所現」，是我們的心理狀態。我們自己就是這些狀態的造物主，也是這些狀態的體驗者。在佛教中，六道是一種象徵性的描繪，外界並沒有眞實的閻羅王在掌管地獄道，也沒有死神勒令取命、讓你受苦。這些感受或體驗都是從自己的瞋心和憤怒中生起的。

印度大師寂天菩薩說：「是誰造作了地獄熾熱燒灼的根基？是誰點燃了地獄永無止盡的焚火？」大師的意思是，並沒有存在外界的地獄製造者，地獄也不存在外界。佛陀也曾說，一切皆是唯心所現。我們經歷到的地獄痛苦，是自心的產物。從這些教導中，我們可

以清楚看到，地獄道其實是一種心靈創傷的狀態，我們封閉在這心靈創傷之中，求出無期，徹底被瞋恨之火焚毀。

寂天菩薩的意思是：心受到瞋恨擾動，感到焦躁時，就好比永恆的地獄之火在焚燒一般。由於內心備受瞋怒和仇恨煎熬，夜裡輾轉難眠，由於內心瞋火難滅，白天無法專注工作或禪修——這把永恆的瞋火似乎無有盡期。因此，寂天菩薩說，生起瞋怒心，就是陷入如同地獄道的心靈創傷之中。

怒火焚燒著我們的心，直到我們筋疲力盡為止，直到我們把自己氣到崩潰為止。我們不需要眞的火焰，也不需要眞的沸水，仇恨爭鬥的怒火又燒又滾，讓我們氣急攻心，痛苦無比。這種心理痛苦是仇恨爭鬥造成的結果，因此，佛法所描繪的地獄道景象，其實就是瞋恨的痛苦景象。

瞋心是因為遇到討厭的對境。我們一遇到厭惡的事物，通常馬上想除之而後快。打個比方，看到電視上令人不愉快的鏡頭時，我們就會想轉台。但寂天菩薩卻說，我們不可能將外界令人生氣的對境消滅殆盡，但是若能擒賊先擒王，戰勝瞋恨心這個敵人，就如同直搗敵人的巢穴，摧毀瞋恨心的所有對境一般。佛經中又有另一個例子：你不需要用皮革鋪滿整個世界，好讓自己能赤腳走遍天下，只要用皮革包裹自己的雙腳，穿上鞋子即可。把雙腳包住，就等於用皮革覆蓋整個大地。如果你想消滅什麼對境，就觀照內心，找到眞正的敵人——瞋恨心。戰勝它吧！

寂天菩薩告訴我們，憤怒極具破壞性：一把瞋恨火，燒毀功德林；一剎那的瞋恨心，能摧毀億萬年累積的功德。瞋怒眞是危險至極的情緒，就像是破壞性極強的電腦病毒，能讓多年辛苦建立的資料毀於一旦。我們可能花了幾天、幾月、幾年的時間，在電腦上完成了許多善業之作，然而如果沒有用菩提心或證悟之心適當做備份，一剎那的瞋恨病毒就會毀滅所有的善業。就這樣，一剎那的憤怒、瞋心或仇恨，能讓所有善業完全歸零。

如果仔細去看一剎那的仇恨，就會看到它的破壞力有多大。仇恨的破壞力並非是指對他人的破壞。當然，對周遭的人懷有仇恨的念頭顯然是有害的，但是瞋恨對自己所造成的傷害，遠比對他人來得巨大。無論是對自己或他人，瞋恨都是一種非常劇烈、折磨人、讓人感到困頓封閉的狀態。這個心理狀態就是地獄道的展現，就是活生生的地獄經驗。

基於這個緣故，以及寂天菩薩所說的，我們可以清楚瞭解到地獄道並不存在外界，而是存在自己這顆偏執的心中。地獄就在我們充滿仇恨暴力和瞋怒的心裡；耽溺在仇恨或憤怒中，便會經歷地獄道的痛苦。

瞭解這點是非常重要的。大乘和金剛乘見地都指出，無論經歷什麼、感受到什麼，一切都是自己造作出來的，沒有存在外界的創造物，也沒有外在的造物主。造物主就在內心。如果看到美麗的風景，這是自心的產物；如果看到外在世界或內在經驗糟糕透頂，這也是自心的產物，是自心的體驗。在這類教法中，這個見地是非常重要的。

我們可以舉戀愛爲例，說明這一切爲何是自心的產物，而不是外在世界的眞正實相。初墜愛河時，情人眼裡出西施，怎麼看都美。愛人的穿著眞體面、眞稱頭；聞到他們身上的香水味，精神就爲之一振；愛人傷心哭泣，也覺得哭聲如同天籟一般。一開始，一切是多麼美好。

然而，戀愛之路走到半途，儘管眼前是同一個人，做的是相同的事，情況卻開始有了改變。愛人的穿著跟幾個月前、甚至十年前並無不同，但在我們眼裡卻不再帥氣美麗；身上的香水是同一個牌子，我們卻對這味道過敏，開始打噴嚏，不再覺得清新誘人；這時，聽到他們的哭聲也覺得煩人極了，連他們的甜言蜜語都覺得厭煩，剛開始的哭聲還比現在悅耳多了。同樣的髮型、穿著、香水和話語，我們的感知方式卻是如此不同。

這就是「唯心所現」的經驗。佛法所說的唯心所現，並非是說這個人不存在，而是說，我們感知這個人的方式、對應的方式、看待現象的方式是自心的展現。這是我們自己的創造物，我們投射出外境，同時也在感知這些投射境。一切不過就是自己的感知、自己的概念罷了。同樣的道理，地獄道也是自心的產物，我們投射出外界這些奇奇怪怪的顯相，經歷莫須有的巨大痛苦。這時，我們應該做類似之前所做的祈願：

以我如來之願力，祈願六道有情眾，
粗重瞋怒生起時，不取不捨自寬歇，
本覺原處自安住，清明本智祈得證。

透過我（普賢王）如來的願力，
祈願六道一切有情眾生生起強烈瞋心之際，
不執取、也不棄捨憤怒，自然鬆坦安歇於其中，
讓本覺自己安頓於原處，願眾生都證得清明的本初智。

本初佛普賢王如來與我們無有分離，與我們的本覺無二無別，透過普賢王如來的願力，我們祈願六道一切有情眾生都能認出本覺，祈願眾生都能認出隱藏在仇恨、憤怒和爭鬥狀態中的本覺智慧。方法跟之前相同：不要壓抑仇恨和憤怒。

此時，我們讓心識輕鬆融入心識自身，也就是說，簡單安歇在仇恨原始能量的本性中，安歇在憤恨和瞋怒的原始能量中。這個安歇或安住，非常重要。透過安歇在此狀態中，我們的心便會慢慢回歸到它根本的本覺境界。了悟赤裸無遮的本覺根本境界時，佛智自然而然展現，證得大圓鏡智光華四射的明性。

張狂的心

下一偈願文探討的是傲慢，也提到傲慢與平等性智的關連。基本陳述模式與貪欲和瞋恨相同。

自心由現驕慢故，競爭詆毀他眾生，
粗重慢心亦生故，自他征戰受苦痛，
彼業果報成熟時，生為天人受墮苦。

自心變得張狂驕慢，
生起了與人較量和詆毀他人的企圖、以及強烈的貢高我慢，
由此，自己和他人都得經歷爭鬥之苦，
這種行為的果報成熟時，
便會投生到天界，遭受壽報終了後下墮的煎熬。

此處我們遇到的問題是傲慢與自大。佛法說，傲慢自大起始於一個簡單的我執之念。根本上執著「我」爲一個「自我」（人我），這個「我」的概念，就是傲慢。

從根本無明中，我們就可以看到傲慢的種子已經成形了。無論我們多擅於控制傲慢心，它結結實實地就在那兒，我們無法否認自己就是有傲慢心。即使口中說著：「我不傲慢，我很低調，我很謙虛……」一堆廢話，我們強大的傲慢心還是在那兒。

覺察傲慢這個煩惱是很重要的。傲慢很危險，具有破壞性，因爲它會讓我們停止學習，讓我們無法進步。有了傲慢心，我們的成長和發展就會停止。在修持或學習佛法的道路上，傲慢心一生起，那個修持或學習的發展就會停滯不前。西藏有句話說：「無論倒多少水在覆蓋的容器上也塡不滿。」沒錯，水和容器會有接觸，但容器開口向下的結果，水會馬上嘩啦流失，而不會留在容器中。同理，傲慢心不但在心靈修道上極具破壞力，也會阻礙我們世間智慧的發展。

我們的心開始因爲相對的優點而有點得意忘形時，態度上就會出問題。由於這個傲慢自大，我們有了自認高人一等的心態，不再學習進步。這就是傲慢的定義：自認比他人優

越的心態。因爲這個優越感，我們陷入競爭的痛苦中，於是造成了人與人之間的競爭與對抗。一切爭執爭鬥都是從傲慢而生。

我們天生就愛挑他人毛病，以爲自己眞的看到別人的過錯。我們覺得自己比他人高超，以爲自己知道別人有什麼毛病，接著，自然而然地就會涉入競爭或爭鬥之中。每個人都如此，沒有例外。自己看著別人這麼想時，對方也正看著我這麼想，這麼一來，無庸置疑地，兩個人之間當然會發生衝突。如果只有一方這麼做，就不會有問題；另一方心平氣和地接受，想著：「好吧，是我錯了，是我不好。」一個銅板敲不響。但事實通常不是這樣，我們知道雙方都以某種傲慢心看待彼此，而當傲慢行爲的果報成熟時，就會體驗到天界的痛苦。

天界有著一切喜樂，財富豐饒，享受著三摩地的禪悅，還擁有許多心靈的能力和財富。根據佛法，天人養成了極強的傲慢心，自大地以爲自己擁有世間最多的財富、喜悅、快樂和三摩地禪定。

然而，天界卻隱藏著巨大痛苦。即使是天界，仍然得經歷老化和死亡的駭人折磨。經典上說，天人可以在壽命終了前一個星期預知自己的死亡——自己看得到，別人也看得到，死亡前一個星期，親友遠離，孤立無援。天人的一星期對人道而言是極長的一段時間。巴楚仁波切的《普賢上師言教》提到，天人的一天是人道的一百年，一個星期就等於人間七百年。因此，天人業報終盡，即將離開天界，投生到較差的界域時，所經歷的痛苦是難以想像的折磨。

仔細想想，七天可不短，不是嗎？快樂時光容易飛逝，陷入痛苦卻是度日如年，我們不斷望向窗外，苦惱著太陽怎麼還不下山！從自己的經驗就知道，這不僅是精神上的折磨，生理上也會有痛苦的感受。

天界沒有正法解脫道。無論我們在天界享受了多少物質財富，事實是，我們仍舊處於輪迴的恐懼中。投生天界也逃離不了輪迴恐懼。

佛經也提到，天人對因果和業力法則的瞭解是錯誤的。他們誤以爲自己已經達到某種解脫境界，直到死期來臨，才醒悟到自己必然會再度墮入輪迴。這時，他們便對業力法則失去信心，心想：「喔，原來我所瞭解的一切都是錯誤的。」因而對因果業力生起邪見，

結果又為他們帶來更多痛苦，未來也犯下更多惡業。因此我們說，天界也是痛苦的六道輪迴之一。

我們祈願能認出傲慢的本性即是本覺，即是佛智；祈願能讓自己與他人從傲慢中解脫，因此我們說：

以我如來之願力，祈願驕慢諸眾生，
彼時心識如是歇，本覺原處自安住，平等性義祈得證。

透過我（普賢王）如來的願力，
祈願有驕慢心的眾生
傲慢時，自然鬆坦安歇在心識本來狀態中，
讓本覺自己安頓於原處，願眾生都能了悟平等性的實義。

此處的禪修方法與前面相同。主要的學習課題就是，如何讓自己安然處於各種情況。我們必須學會徹底、誠實地安住於當下情況中，別僞裝自己或假裝情況沒那麼糟。同時也要承認自己的傲慢、貪欲、瞋怒等等，要覺察當下的情緒，認出它們，學會接受情緒赤裸裸的面貌，不要改變它，不要僞裝成其他狀態。

舉例來說，玫瑰就是玫瑰，向日葵就是向日葵，若能欣賞玫瑰原本的模樣，你就會覺得玫瑰很美，看到許多美好的特質。玫瑰本身有許多不同的美麗風貌，但如果企圖把玫瑰當成其他東西，問題就開始了。每當我們企圖移花接木，以驢做馬，就會出現問題。願文中，大圓滿教法教導我們，無論生起什麼情緒，要讓情緒維持本貌，要在這本然狀態中保持完全警醒，充分察覺。安住於這本然狀態中，就能成就一切，因爲這本然狀態就是佛果的本性，其他什麼都不需要。如果這個本然狀態不是本覺，不是佛果，又何必大費周章禪修？這個邏輯非常合理。即使試圖去改變此本然狀態，也不會有用的。

掙扎不斷

下一偈願文是關於嫉妒：

二取增生習氣故，自讚毀他長苦惱，
彼生博鬥競爭心，投生鬥殺阿修羅，果報下墮地獄道。

對二元的執著愈來愈增盛，形成了習性，
因此讚頌自己、毀謗他人，徒生苦惱，
又因此產生爭鬥較量的心態，
投生到阿修羅道，經歷殺戮、爭鬥，最後的果報就是下墮地獄之中。

嫉妒由羨慕而生，也從貪欲等煩惱而生，讓人變得心神不寧，這又讓人陷入競爭較量的快速循環中，陷入嫉妒心爭鬥不和的痛苦中。產生嫉妒的主要問題，就是無法欣賞他

人。嫉妒具有餓鬼心態的成分，永遠欲求不滿，這也就是一種競爭心，總是想要比現在擁有更多。

如果任由嫉妒和競爭之念肆虐孳長，我們就會嚐到苦果，投生到嫉妒之果的界域——阿修羅道（梵：asura realm），傳統上也稱為「非天」（demigod），亦可稱為「嫉妒之神的世界」。傳統佛教藝術描繪阿修羅道時，總畫有一棵巨大的如意樹，樹根在阿修羅道，樹梢所結的果實卻長在天界。阿修羅灌溉、照顧如意樹，果實卻總是被天人奪去。因此他們總是嫉妒天人，為如意樹果而興戰。阿修羅與天人征戰不斷，戰勝的機會卻少之又少，困頓在被屠害砍殺的掙扎中。

阿修羅所受的苦，就是常時羨慕他人的財富、快樂、喜悅，然後因為嫉妒而興起爭奪之戰。如果我們身語意的行為，墮入這種嫉妒征戰的狀態，就是陷入阿修羅道中。嫉妒的競爭心態讓我們做出憤怒的侵略行為，由憤怒、仇恨和瞋惡引起的侵略行為，最後則會讓我們投生地獄。

偈言第一句對佛法行者而言尤為重要，請注意看：「對二元的執著愈來愈增盛，形成了習性，」然後便經歷種種苦惱。讚美和毀謗所造成的痛苦，也不斷向我們湧來。直接稱讚自己或間接吹捧自己，以及直接毀謗他人或間接譏諷他人，是一種持續不斷的掙扎和困境，由於這些行爲，我們動輒與人發生爭執、彼此競爭。

由於這個緣故，佛法修道教導我們要「隨喜」，或者修持菩提心、慈悲心、愛心，但有時我們的行爲卻好似從未聽過這些一般。如果看到同修道友比自己優秀，修得更有功德，就應該衷心隨喜；無論是四不共加行、大手印、大圓滿或本尊修持，如果有人修得更好，我們應該衷心隨喜。隨喜對方功德的想法是很重要的。佛陀說，隨喜他人因任何善行而獲得的功德，自己就會得到同樣的功德。這不是很棒嗎？隨喜別人就可以不費吹灰之力得到相同功德，眞不懂人們爲何要掙扎痛苦做這些事。總之，隨喜他人，功德無量。

就某種意義來說，「隨喜」本身就是一個完整的修持。如果有人對眾生有很大的貢獻，你又隨喜對方的善行，就等同自己也做了這個善行。但如果涉入競爭比較之中，我們就全盤皆輸。即使是以正面的發心來做這些事，落入競爭比較之中就沒什麼修持可言。

對生長在資本主義社會的人來說，隨喜或許非常困難。資本主義就是競爭的文化，人

們隨時都有一種直覺性的競爭心。此處的修持道路就是去面對這樣的心態，當嫉妒比較之心生起時，我們應該謹慎面對。重點在此。

再強調一次，心中感受到嫉妒時，我們應該直接觀照這個情緒。切莫壓抑它，也不要讓嫉妒撲天蓋地把心淹沒。要保持中庸的態度，觀照嫉妒的本性。因此，這裡我們要如此祈願：

以我如來之願力，祈願心生爭鬥者，
不作敵意自寬歇，心識原處自安住，無礙佛行本智得。

透過我（普賢王）如來的願力，祈願那些心生較量爭鬥之心的眾生，都能放下敵意，自然鬆坦安歇於其中，讓心識自己安頓於原處。願眾生皆證得具有無礙佛行事業的本初智。

這是一首非常好的祈願偈。做這個祈願時，要想想自己的嫉妒心、競爭心和鬥爭心等等。要祈願遭受嫉妒之苦的自己和其他眾生，都能從仇恨敵意中解脫，祈願他們都能放寬心，讓本覺安頓於原處。

不覺知的渙散

願文下一偈是有關迷妄的愚癡煩惱毒：

失念癡捨成渙散，蒙黯昏沉與忘失，
昏迷怠惰愚笨故，流轉無怙旁生果。❶

因為不覺知、漫不經心而散亂分心，
由於遮障、昏沉和忘失，以及無意識、懶惰和愚笨，
結果就是流轉於無有依怙的畜生道。

❶旁生為傳統佛學名相，即畜生、動物。

顯而易見的，無明愚癡是所有問題的根源。無明愚癡的特性就是不知何者該取、何者該捨。不僅是沒有覺知，也沒有敏銳的心看清周遭情況。

我們可以這麼說，「失念癡捨」，不覺知和漫不經心的癡捨就是迷妄的第一個面向。「昏沉」指的是意識感到非常沉重，沒有明覺或明性。「蒙黯或遮障」就是沒有直接看到實相本性，或沒有清楚直接地看到事物的本貌。「忘失」即是「我也不記得了」。此處所說的「昏迷」或「無意識」，指的就是失去意識，也就是昏倒等類似經驗。

「怠惰」通常是精進或努力的相反。在佛法中，精進的定義是「歡喜從事善行」，內在或實際行動的善行都包括在內。所以，怠惰的一般意義就是「不去歡喜地行善或做有利自他的事」。換句話說，我們之所以沒有歡喜地做某些善事，是因爲對某些負面活動有執著。舉例來說，我們喜歡睡覺，所以起床時心不甘情不願，諸如此類等等；就像這樣，對負面活動的執著會展現爲怠惰的行爲。最後，「糊塗迷惑」則類似愚癡。

這些行爲的負面結果，就是流轉於沒有依靠和保護的畜生道。畜生道的愚癡，就是陷入意識沉重遲緩的狀態，這種愚癡在動物界顯而易見。動物的心無所依靠，就某種意義來說，就是一種處於黑暗的恐懼感受。

動物界的危險遠比人類多，打開電視上的探索頻道，馬上就能一窺究竟。我們可以看到，一天二十四小時都有動物被其他動物吞食。因爲有許多科學家對不同物種進行各種研究，現代比起往昔更容易看清這個事實。我們可以看到動物生活的環境，牠們隨時都得面對可怕的險難，經歷強烈的恐懼。

就某種層面來說，動物看不清自身所處的狀況。這並不是說動物沒有感知，也不代表動物什麼都不知道，而是指牠們對眞正重要的事一無所知：牠們沒有智慧知道該選擇什麼、該捨棄什麼。

愚癡帶來的結果，就是投生在這種無明的心理狀態中，沒有睿智。所以，我們要以類似前面章節所說的方式，運用這裡所教導的方法來實修：以大圓滿的修持方式，不棄捨也不執取，就這麼單純安住在愚癡之中。我們祈願度脫自己和其他眾生遠離無明愚癡，遠離缺乏分別智敏銳明覺的狀態：

以我如來之願力，祈願魯鈍愚闇中，
生起正念清明光，離念本智祈得證。

透過我（普賢王）如來的願力，祈願魯鈍愚癡的黑暗中，出現正念的清明之光，願眾生證得離概念的本初智。

這偈願文非常重要，我們全都有這種如動物般無知的無明愚癡，因此一定要祈願自心不要總是這麼空白愚昧，一定要祈願自心愈來愈專注、敏銳，擁有更精確的法教洞察力，一定要祈願自心擁有智慧，能夠了悟愚癡中的本覺本性。

根據大圓滿的金剛乘修道，連愚癡的本性都是本覺的本性。因此不必修正愚癡，不必修正「無正念覺察」的狀態，只要直接觀照這「無正念」的本性，看著這個根本無明的簡單眞相，我們就會在黑暗無知中，看到正念的證悟明光。有各種不同的法門可以幫助我們在修道上實修，例如明光的修持，就是以深沉的睡眠作爲道用，這個修法清楚顯示了，無明愚癡的本性就是明光的本性。

弟子：您曾說明，密續超越煩惱情緒的方式是「不迴避」。可否請您解釋，如何恰到好處地停留或安住在仇恨的情緒中？

仁波切：當你眞正深入體驗憤怒時，會發現，仇恨的眞實面貌是超越概念的。它只是一個體驗，是你內在感受到的一種震動。當這個情緒非常強烈時，其中沒有任何概念，這就是爲何火冒三丈時所做的事都沒什麼邏輯可言。幾小時、幾天、幾星期後，你再去檢視自己當時的所作所爲，就會看到那些行爲有多麼愚蠢，因爲它們其實是不合乎任何道理的。

這裡要傳達的意思是：就這麼停留在瞋恨的震動中，這個震動幾乎就像是一種完全驚嚇到的狀態。這跟不同情況下受到驚嚇的經驗很相似，好比乘坐雲霄飛車或是戲水樂園的滑水道，快速滑下後被水花完全濺濕一樣。憤怒也有著相同的特質，它的本質是非常覺醒的，但我們通常會多此一舉地覆蓋或塗抹不必要的色彩。其實，我們應該單純地體驗它。

體驗憤怒時，就專心體驗，安歇在憤怒中。不要討厭它，也不要用任何念頭或色彩多所追逐，就這麼處與當下，讓它做它自己，到某個點上，它就會到達一種幾乎無可言喻的狀態。

佛陀說，面對煩惱情緒就好比勇士在戰場上作戰，這時的敵人是煩惱，你是戰士。當你看到敵軍更強、更驍勇善戰、陣容更龐大時，三十六計走爲上策，切莫逞強鬥狠，愚蠢地被敵人消滅。這就是基本的小乘持戒之道所教導的重點。

但我們並非鳴金收兵、逃離戰場，而是回到基地，接受更深入的磨練，訓練戰技和力量——我們要透過禪修來訓練自己。我們在僻靜處入關禪修，培養對治法的力道，然後回到戰場上繼續與煩惱搏鬥。當你準備好了，有把握戰勝敵人的時候，就勇往直前。在基本的小乘和大乘修道上，這就好比實際在戰場上打仗一般，你要打敗的對手是個別的敵人，一個接著一個，這需要很多細部運作和實際的攻克手段。

佛陀在密續中則教導了贏得這場戰爭的最簡易方法——擒賊先擒王。這麼做的話，就不必再費心上戰場處理各種細節；戰勝了國王，就戰勝了所有敵軍。因此，金剛乘法門有稍許的不同。

弟子：每次我想擒拿國王時，半途就失敗了，敵方接著千軍萬馬向我撲過來。擒賊先擒王的策略真的可取嗎？發現自己做不到時，是否應該回頭修「數息」或其他基本法門？

仁波切：想要擒拿國王時，顯然可見的是，國王身邊一定安排了精良的保護措施，例如秘密保鏢等。擒拿國王需要各種善巧方便和智慧，而方便道和智慧就是我們在金剛乘中需要學習的內容。

所以，你會需要做一些研究，才有能力擒拿國王。你必須瞭解那些守衛如何部署等等，才能更有效率地運用這些方法，這時方法才會奏效。因此，先回頭做數息等基本修持，聽起來是很好的策略，如此你就能夠學到更多功夫，運用在特定情況中。一個方法打遍天下很難，有點像是企圖設計出 Mac 蘋果電腦和 PC 個人電腦都能使用的程式一樣，總之難度很高。不同的煩惱要用不同的方法來對治，當我們能夠運用不同法門、善用金剛乘各種方便道時，便得以擒拿煩惱的國王。但這跟你方便善巧的程度有關，也跟你智慧的敏銳度有關。

弟子：仁波切，您說我們應該如實接受無明愚癡的本貌，但我們因爲沒有分別的能力，連愚癡都認不出來，好似身處大霧之中。關於這點，您可以進一步指導嗎？

仁波切：一方面，無明愚癡很難看得到，它非常細微，因此難以辨認。另一方面，這其實也不難，因爲我們在面對許多情況時，常常都是愚癡的。由於我們不太善巧，在情緒或煩惱的處理上失敗時，就會清楚看到自己的愚癡。無論在方法上、智慧上、或是實際超越煩惱上，我們都很愚癡。事實上，只要看到強烈的我執，那就是愚癡，這是顯而易見的。

說到禪修方法，大乘修持傳統中，有個「每日一省」的修持。每晚在禪修最後一座時，就省思一整天發生的事。仔細想想日間曾出現的主要情緒事件，回憶一下今天是否生起了較強烈的瞋心、貪欲、或有什麼令人氣憤的經驗。然後深入檢視，看看自己用了什麼方法處理這些情況，或許處理得算是令人滿意，又或許是搞得一塌糊塗。我們也要檢視自己的正面念頭，看看自己有多少善念，好比慈

悲的念頭等。如果可以在一天禪修的最後做這樣的省思，我們便會清楚看到自己的愚癡。我們常搞砸那些可以認出本覺的機會，在這些失敗的經歷中，愚癡躍然可見。透過每日一省，我們可以嘗試去認出自己的無明愚癡。

弟子：昏沉看來似乎是清明無遮的相反，但我猜想，是否可以用一種清明無遮的方式去體驗昏沉？

仁波切：當然可以。這就是爲何金剛乘修道中，有法門教導我們如何利用深沉睡眠的極度昏沉來實修。我們可以透過一些方法，在昏沉的感受中了悟明光。貪瞋癡慢嫉五毒都可以被用在修道上，成爲完全證悟的實修體驗，或成爲覺醒的教訣傳授。就某種意義來說，透過所謂的煩惱和一點法教的轉化，才能領受到這些教訣傳授。

第七部

總論

三界有情諸眾生，賴耶同我普賢佛，卻轉失念迷惑根，
現時造作無義業，六業如夢迷惑也。
我為本初第一佛，化身為伏六道故，
以我普賢之願力，祈願眾生盡無餘，法界之中成正覺。

啊伙！
今後大力瑜伽士，若以無惑明覺力，發此具力廣大願，
聞此願文諸眾生，三世終必成正覺。

羅睺執蝕日月際，或於暴雷地震時，
日變節氣轉換時，自觀普賢王如來，
以眾聞聲誦願文，以此瑜伽之願力，
三界有情諸眾生，漸次遠離諸苦痛，終獲究竟之佛果。

佛如是云。摘自《大圓滿能顯普賢王如來洞察智密續》（*rdzogs pa chen po kun tu bzang po'i dgongs pa zang thal du bstan pa'i rgyud*）。

此十九章節之願力威猛故，一切有情眾生無不能證得佛果。

結行祈願

三界有情諸眾生，賴耶同我普賢佛，卻轉失念迷惑根，

> 三界中的一切有情眾生，
>
> 在一切種識的根基中，與我普賢王如來無二無別，
>
> 然卻變成了無覺知的迷惑根基。

本偈總結了整篇願文的重點。普賢王如來的意思是，輪迴三界之中，六道一切有情眾生的自心本性，與普賢王如來無二無別。我們的心之本性不曾稍離普賢王如來的佛心，這就是我們的眞實本性，就是一切種智，就是一切的根基。

之前提過，三界就是欲界、色界和無色界。另一個區別的方法是：欲界有具體色相，

也就是有實際的身體，這是一個透過身體來經歷環境的實體世界。色界比較像是語言聲音，一半實質，一半無實質。無色界就是心的界域。所以就密續的觀點而言，如果以我們自身的存在來看，三界就是身、語、意。

無論以阿毘達摩對法論（梵：Abhidharma）或大圓滿的觀點來看，三界所有眾生在一切種識的根基中，與普賢王如來無二無別。「一切種識的根基」指的是阿賴耶識的根基，在這個根基中，我們都是平等的。這個見地與佛性如來藏有著異曲同工之妙。阿賴耶識的根基就是阿賴耶智，也就是一切種智，與本淨智慧同一本性。因此，大圓滿教導我們，輪迴的本性就是普賢王如來的本性，涅槃的本性也是普賢王如來的本性；輪迴本來清淨，涅槃也本來清淨；輪迴根本上是好的、清淨的，涅槃根本上也是好的、清淨的，兩者在同一根基上是無二無別的。然而，對輪迴眾生而言，認不出這個根基時，它就變成了無覺知的迷惑根基。

現時造作無義業，六業如夢迷惑也。

現在，眾生造作著毫無意義的業力行為，

但六種業力就如同夢中的迷惑一般。

先前探討過，我們的心從無意識的狀態，轉入一種微細的驚惶模糊的感知，接著是根本無明、遍計所執無明等等……愚癡的眾生造作著許多毫無意義的業力（行爲），導致這種迷惑的結果。從六種煩惱生起的六種業力行爲，造成了六道眾生和六道輪迴，這些行爲都源自愚癡，然而本質卻是如夢、如幻、無實質。

由於無明愚癡、由於我執，我們經歷如夢的六道迷惑幻象。因此，我們要爲那些經歷如夢如幻六道的眾生做祈願，希望他們都能了悟這本覺的展現。我們祈願眾生都能回歸到

他們內在普賢王如來的本初境界中，回歸到本覺的本初境界中，證得佛果。證得佛果就是證得本覺，亦即證得自心本性。

我為本初第一佛，化身為伏六道故，

我就是本初第一佛，為了以化身來調伏六道眾生，

當普賢王如來說「我是本初第一佛」時，意思是「本初佛」，這也是指我們的自心本性。觀照自心本性時，你會發現這本來就是佛境界，就是覺醒心的境界。

當普賢王如來說「為了以化身來調伏六道眾生」，化身是指四十二寂靜尊和六十憤怒尊，特別是，要以這些化身來調伏六道的不同眾生。根據大圓滿教法，每一道都會示現一尊不同的佛，有示現於人道的佛，也有示現於畜生道的佛等等。不同的佛調伏不同界域的

眾生，因此，願文說到：

以我普賢之願力，祈願眾生盡無餘，法界之中成正覺。

透過我普賢王如來的願力，
祈願一切有情眾生，毫無遺漏地，皆於法界之中覺醒證悟。

我們的衷心祈願是：希望一切有情眾生都回歸到自己的佛果境界中。我們的修道之旅從佛果境界中啟程，最終又回到此地，也就是本覺。

願文的利益

啊伙！
今後大力瑜伽士，若以無惑明覺力，發此具力廣大願，

啊伙！
從今起，若是具有證量的瑜伽行者，
以他們遠離迷惑的明光本覺之力，
發下這個威猛廣大的祈願時，

我們在願文一開始說的是「伙」，這裡則是「啊伙」，同樣也是傳達或描述一種喜悅、讚嘆、滿足的感受，以及普賢王如來的佛事業有多麼奇妙等等。這就是願文的利益，很棒，不是嗎？這是一篇極爲殊勝的願文，非常絕妙的願文！

如果你是個非常精進的行者，此願文一定會帶來一些了悟，當行者有所了悟時，就是一個具有證量的瑜伽行者。所以，以這篇願文發願時，此處的教訣是：將心安住在清明鮮活的覺性中，遠離愚昧地安住在根本明性之中。要安住在正念覺察中，做這個威猛的祈願。當具有證量的瑜伽行者以此普賢王如來願文發願時：

聞此願文諸眾生，三世終必成正覺。

所有聽聞到這祈願的眾生，定會在三生之內覺醒，成就正等正覺。

如果光是聽聞這篇願文，就可以在三輩子之內解脫，那麼若是聽聞學習、清晰思維此願文，並以全然的正念與覺性來發願，願文的利益更可說是無量無盡，超越一切。

願文提及，解脫將於三生之內到來，這其實是密續中的一種表達。從金剛乘的觀點來看，若能與金剛乘修道結上甚深緣分，此生就有機會成佛而完全覺醒，如果有點搞砸了，可能得花上三輩子；更糟一點，就得花上七輩子。從某種意義來說，這表示如果用功修持，保證最多七輩子就證悟。當然，關鍵在於必須如法根據上師的教訣來修持，如果七輩子都沒有證悟，代表我們可能嚴重違犯了三昧耶戒。

願文提到「三世」，因爲一旦聽聞了這樣的密續祈願，就與金剛乘修道結上了甚深業緣；與金剛乘修道結上緣分後，可能今生就會深入金剛乘修道；今生若是善加修持金剛乘，就會得到覺醒了悟。如果今生無望，願文說到，三生之內也會證得，這爲沒興趣做繁複學習和修持的人，指出了一條道路。我們可以每天透過這篇願文來修持，在日常生活中保持這樣的覺性。

願文的最後說明了修誦的最佳時刻。對那些相對上比較偏愛繁複修法的人，願文說：

羅睺執蝕日月際，或於暴雷地震時，
日變節氣轉換時，自觀普賢王如來，
以眾聞聲誦願文，以此瑜伽之願力，
三界有情諸眾生，漸次遠離諸苦痛，終獲究竟之佛果。

當日月被羅睺所蝕，或是有暴雷聲、地震、
或於太陽運行變化、節氣轉換之際，行者自觀為普賢王如來，
以眾人聽得到的音量持誦此願文，藉由這瑜伽行者所發的大願，
祈願三界中一切有情眾生，皆能逐漸遠離所有的痛苦，最後，證得究竟的佛果。

如果沒有每天或時常持誦這篇願文，你可以選擇日蝕、月蝕的時候做這個修持，其他

特別節日也可以，好比生日、忌日等任何節日。我認爲在日蝕、月蝕、滿月或初月都很好，但如果有空，就盡量多多修誦。

後記說明了這篇願文的來源：

> 佛如是云。摘自《大圓滿能顯普賢王如來洞察智密續》（*rdzogs pa chen po kun tu bzang po'i dgongs pa zang thal du bstan pa'i rgyud*）。此十九章節之願力威猛故，一切有情眾生無不能證得佛果。

後記說得很棒，不是嗎？

我爲大家解說這篇願文的原因有很多。首先，我想幫助大家與大圓滿傳承結上甚深緣分，所以與其只就自己所學來作一般性的開示，我想，深入探討純正的大圓滿密續教法，

應該是很吉祥的緣起。第二，許多學生都已經在修持四不共加行了，有些則是對四不共加行生起了興趣，因此，學習跟本覺或平常心直接有關的法教是很好的。第三，對已經完成四不共加行、且正在修持本尊法、大手印或大圓滿法的金剛乘行者而言，這篇願文將會是加乘的修持。

如果你是密續行者，就可以觀想自己是普賢王如來，唸誦願文並詳加思維每個重點；簡單來說，這就是修持普賢王如來願文的方法。

普賢王如來祈願文（藏文）

ཀུན་བཟང་སྨོན་ལམ།

Kunzang Mönlam

ཀུན་བཟང་སྨོན་ལམ།

༄༅། །ཧོཿ

སྣང་སྲིད་འཁོར་འདས་ཐམས་ཅད་ཀུན༔

གཞི་གཅིག་ལམ་གཉིས་འབྲས་བུ་གཉིས༔

རིག་དང་མ་རིག་ཆོ་འཕྲུལ་ཏེ༔

ཀུན་ཏུ་བཟང་པོའི་སྨོན་ལམ་གྱིས༔

ཐམས་ཅད་ཆོས་དབྱིངས་ཕོ་བྲང་དུ༔

མངོན་པར་རྫོགས་ཏེ་འཚང་རྒྱ་ཤོག༔

ཀུན་གྱི་གཞི་ནི་འདུས་མ་བྱས༔

རང་བྱུང་ཀློང་ཡངས་བརྗོད་དུ་མེད༔

འཁོར་འདས་གཉིས་ཀའི་མིང་མེད་དོ༔

དེ་ཉིད་རིག་ན་སངས་རྒྱས་ཏེ༔

མ་རིག་སེམས་ཅན་འཁོར་བར་འཁྱམས༔

ཁམས་གསུམ་སེམས་ཅན་ཐམས་ཅད་ཀྱིས༔

བརྗོད་མེད་གཞི་དོན་རིག་པར་ཤོག༔
ཀུན་ཏུ་བཟང་པོ་ང་ཡིས་ཀྱང་༔
རྒྱུ་རྐྱེན་མེད་པ་གཞི་ཡི་དོན༔
དེ་ཉིད་གཞི་ལ་རང་བྱུང་རིག༔
ཕྱི་ནང་སྒྲོ་སྐུར་སྐྱོན་མ་བཏགས༔
དྲན་མེད་མུན་པའི་སྒྲིབ་མ་གོས༔
དེ་ཕྱིར་རང་སྣང་སྐྱོན་མ་གོས༔
རང་རིག་སོ་ལ་གནས་པ་ལ༔
སྲིད་གསུམ་འཇིགས་ཀྱང་དངངས་སྐྲག་མེད༔
འདོད་ཡོན་ལྔ་ལ་ཆགས་པ་མེད༔
རྟོག་མེད་ཤེས་པ་རང་བྱུང་ལ༔
རྫས་པའི་གཟུགས་དང་དུག་ལྔ་མེད༔
རིག་པའི་གསལ་ཆ་མ་འགགས་པ༔
ངོ་བོ་གཅིག་ལ་ཡེ་ཤེས་ལྔ༔
ཡེ་ཤེས་ལྔ་པོ་སྨིན་པ་ལས༔
ཐོག་མའི་སངས་རྒྱས་རིགས་ལྔ་བྱུང་༔
དེ་ལས་ཡེ་ཤེས་མཐའ་རྒྱས་པས༔
སངས་རྒྱས་བཞི་བཅུ་རྩ་གཉིས་བྱུང་༔
ཡེ་ཤེས་ལྔ་ཡི་རྩལ་ཤར་བས༔
ཁྲག་འཐུང་དྲུག་ཅུ་ཐམ་པ་བྱུང་༔
དེ་ཕྱིར་གཞི་རིག་འཁྲུལ་མ་མྱོང་༔
ཐོག་མའི་སངས་རྒྱས་ང་ཡིན་པས༔
ང་ཡི་སྨོན་ལམ་བཏབ་པ་ཡིས༔

ཁམས་གསུམ་འཁོར་བའི་སེམས་ཅན་གྱིས༔
རང་བྱུང་རིག་པ་ངོ་ཤེས་ནས༔
ཡེ་ཤེས་ཆེན་པོ་མཐའ་རྒྱས་ཤོག༔
ང་ཡི་སྤྲུལ་པ་རྒྱུན་མི་ཆད༔
བྱེ་བ་ཕྲག་བརྒྱ་བསམ་ཡས་འགྱེད༔
གང་ལ་གང་འདུལ་སྣ་ཚོགས་སྟོན༔
ང་ཡི་ཐུགས་རྗེའི་སྨོན་ལམ་གྱིས༔
ཁམས་གསུམ་འཁོར་བའི་སེམས་ཅན་ཀུན༔
རིགས་དྲུག་གནས་ནས་འཐོན་པར་ཤོག༔
དང་པོ་སེམས་ཅན་འཁྲུལ་པ་རྣམས༔
གཞི་ལ་རིག་པ་མ་ཤར་བས༔
ཅི་ཡང་དྲན་མེད་ཐོམ་མེ་བ༔
དེ་ཀ་མ་རིག་འཁྲུལ་པའི་རྒྱུ༔
དེ་ལ་ཧད་ཀྱིས་བརྒྱལ་བ་ལས༔
དངངས་སྐྲག་ཤེས་པ་ཟ་ཟི་འགྱུས༔
དེ་ལས་བདག་གཞན་དགྲར་འཛིན་སྐྱེས༔
བག་ཆགས་རིམ་བཞིན་བརྟས་པ་ལས༔
འཁོར་བ་ལུགས་སུ་འཇུག་པ་བྱུང༔
དེ་ལས་ཉོན་མོངས་དུག་ལྔ་རྒྱས༔
དུག་ལྔའི་ལས་ལ་རྒྱུན་ཆད་མེད༔
དེ་ཕྱིར་སེམས་ཅན་འཁྲུལ་པའི་གཞི༔
དྲན་མེད་མ་རིག་ཡིན་པའི་ཕྱིར༔
སངས་རྒྱས་ང་ཡི་སྨོན་ལམ་གྱིས༔

ཀུན་གྱི་རིག་པ་རང་ཤེས་ཤོག༔
ལྷན་ཅིག་སྐྱེས་པའི་མ་རིག་པ༔
ཤེས་པ་དྲན་མེད་ཡེངས་པ་ཡིན༔
ཀུན་ཏུ་བཏགས་པའི་མ་རིག་པ༔
བདག་གཞན་གཉིས་སུ་འཛིན་པ་ཡིན༔
ལྷན་ཅིག་ཀུན་བཏགས་མ་རིག་གཉིས༔
སེམས་ཅན་ཀུན་གྱི་འཁྲུལ་གཞི་ཡིན༔
སངས་རྒྱས་ང་ཡིས་སྨོན་ལམ་གྱིས༔
འཁོར་བའི་སེམས་ཅན་ཐམས་ཅད་ཀྱི༔
དྲན་མེད་འཐིབ་པའི་མུན་པ་སངས༔
གཉིས་སུ་འཛིན་པའི་ཤེས་པ་དངས༔
རིག་པའི་རང་ངོ་ཤེས་པར་ཤོག༔
གཉིས་འཛིན་བློ་ནི་ཐེ་ཚོམ་སྟེ༔
ཞེན་པ་ཕྲ་མོ་སྐྱེས་པ་ལས༔
བག་ཆགས་འཐུག་པོ་རིམ་གྱིས་བརྟས༔
ཟས་ནོར་གོས་དང་གནས་དང་གྲོགས༔
འདོད་ཡོན་ལྔ་དང་བྱམས་པའི་གཉེན༔
ཡིད་འོང་ཆགས་པའི་འདོད་པས་གདུངས༔
དེ་དག་འཇིག་རྟེན་འཁྲུལ་པ་སྟེ༔
གཟུང་འཛིན་ལས་ལ་ཟད་མཐའ་མེད༔
ཞེན་པའི་འབྲས་བུ་སྨིན་པའི་ཚེ༔
རྐམ་ཆགས་གདུང་བའི་ཡི་དྭགས་སུ༔
སྐྱེས་ནས་བཀྲེས་སྐོམ་ཡ་རེ་ང༔

སངས་རྒྱས་ང་ཡི་སྨོན་ལམ་གྱིས༔

འདོད་ཆགས་ཞེན་པའི་སེམས་ཅན་རྣམས༔

འདོད་པའི་གདུང་བ་ཕྱིར་མ་སྤངས༔

འདོད་ཆགས་ཞེན་པ་རྒྱུར་མ་བླང༔

ཤེས་པ་རང་སོར་གློད་པ་ཡིས༔

རིག་པ་རང་སོ་ཟིན་གྱུར་ནས༔

ཀུན་རྟོག་ཡེ་ཤེས་ཐོབ་པར་ཤོག༔

ཕྱི་རོལ་ཡུལ་གྱི་སྣང་བ་ལ༔

འཇིགས་སྐྲག་ཤེས་པ་ཕྲ་མོ་འགྱུས༔

སྡང་བའི་བག་ཆགས་བརྟས་པ་ལས༔

དགྲར་འཛིན་བརྡེག་གསོད་རགས་པ་སྐྱེས༔

ཞེ་སྡང་འབྲས་བུ་སྨིན་པའི་ཚེ༔

དམྱལ་བའི་བཙོ་བསྲེག་སྡུག་རེ་བསྔལ༔

སངས་རྒྱས་ཡིས་སྨོན་ལམ་གྱིས༔

འགྲོ་དྲུག་སེམས་ཅན་ཐམས་ཅད་ཀྱི༔

ཞེ་སྡང་དྲག་པོ་སྐྱེས་པའི་ཚེ༔

སྤང་བླང་མི་བྱ་རང་སོར་གློད༔

རིག་པ་རང་སོ་ཟིན་གྱུར་ནས༔

གསལ་བའི་ཡེ་ཤེས་ཐོབ་པར་ཤོག༔

རང་སེམས་ཁེངས་པར་གྱུར་པ་ལ༔

གཞན་ལ་འགྲན་སེམས་སྨད་པའི་བློ༔

ང་རྒྱལ་དྲག་པོའི་སེམས་སྐྱེས་པས༔

བདག་གཞན་འཐབ་རྩོད་སྡུག་བསྔལ་སྐྱོང་༔
ལས་དེའི་འབྲས་བུ་སྨིན་པའི་ཚེ༔
འཐོ་ལྡང་སྤྱོད་པའི་ལྷ་རུ་སྐྱེ༔
སངས་རྒྱས་ང་ཡི་སྨོན་ལམ་གྱིས༔
ཁེངས་སེམས་སྐྱེས་པའི་སེམས་ཅན་རྣམས༔
དེ་ཚེ་ཤེས་པ་རང་སོར་གློད༔
རིག་པ་རང་སོ་ཟིན་གྱུར་ན༔
མཉམ་པ་ཉིད་ཀྱི་དོན་རྟོགས་ཤོག༔
གཉིས་འཛིན་བརྟས་པའི་བག་ཆགས་ཀྱིས༔
བདག་བསྟོད་གཞན་སྨོད་ཟུག་རྔུ་ལས༔
འཐབ་རྩོད་འགྲན་སེམས་བརྟས་པ་ལས༔
གསོད་གཅོད་ལྷ་མིན་གནས་སུ་སྐྱེ༔
འབྲས་བུ་དམྱལ་བའི་གནས་སུ་ལྟུང་༔
སངས་རྒྱས་ང་ཡི་སྨོན་ལམ་གྱིས༔
འགྲན་སེམས་འཐབ་རྩོད་སྐྱེས་པ་རྣམས༔
དགྲར་འཛིན་མི་བྱ་རང་སོར་གློད༔
ཤེས་པ་རང་སོ་ཟིན་གྱུར་ནས༔
ཕྲིན་ལས་ཐོགས་མེད་ཡེ་ཤེས་ཤོག༔
དྲན་མེད་གཏང་སྙོམས་ཡེངས་པ་ཡིས༔
འཐིབས་དང་རྨུགས་དང་བརྗེད་པ་དང༔
བརྒྱལ་དང་ལེ་ལོ་གཏི་མུག་ལས༔
འབྲས་བུ་སྐྱབས་མེད་བྱོལ་སོང་འཁྱམས༔
སངས་རྒྱས་ང་ཡི་སྨོན་ལམ་གྱིས༔

གཏི་མུག་བྲིངས་པའི་མུན་པ་ལ༔
དྲན་པ་གསལ་བའི་མདངས་ཤར་བས༔
རྟོག་མེད་ཡེ་ཤེས་ཐོབ་པར་ཤོག༔
ཁམས་གསུམ་སེམས་ཅན་ཐམས་ཅད་ཀུན༔
ཀུན་གཞི་སངས་རྒྱས་ང་དང་མཉམ༔
དྲན་མེད་འཁྲུལ་པའི་གཞི་རུ་སོང་༔
ད་ལྟ་དོན་མེད་ལས་ལ་སྤྱོད༔
ལས་དྲུག་རྨི་ལམ་འཁྲུལ་ལ་འདྲ༔
ང་ནི་སངས་རྒྱས་ཐོག་མ་ཡིན༔
འགྲོ་དྲུག་སྤྲུལ་པས་འདུལ་བའི་ཕྱིར༔
ཀུན་ཏུ་བཟང་པོའི་སྨོན་ལམ་གྱིས༔
སེམས་ཅན་ཐམས་ཅད་མ་ལུས་པ༔
ཆོས་ཀྱི་དབྱིངས་སུ་འཚང་རྒྱ་ཤོག༔
ཨ་ཧོཿ
ཕྱིན་ཆད་རྣལ་འབྱོར་སྟོབས་ཅན་གྱིས༔
འཁྲུལ་མེད་རིག་པ་རང་གསལ་ནས༔
སྨོན་ལམ་སྟོབས་ཅན་འདི་བཏབ་ལས༔
འདི་ཐོས་སེམས་ཅན་ཐམས་ཅད་ཀུན༔
སྐྱེ་བ་གསུམ་ནས་མངོན་འཚང་རྒྱ༔
ཉི་ཟླ་གཟའ་ཡིས་ཟིན་པའམ༔
སྒྲ་དང་ས་གཡོས་བྱུང་བའམ༔
ཉི་མ་ལྡོག་འགྱུར་ལོ་འཕོ་དུས༔
རང་ཉིད་ཀུན་ཏུ་བཟང་པོར་བསྐྱེད༔

ཀུན་གྱིས་ཐོས་པར་འདི་བརྗོད་ནས༔
ཁམས་གསུམ་སེམས་ཅན་ཐམས་ཅད་ལ༔
རྣལ་འབྱོར་དེ་ཡི་སྨོན་ལམ་གྱིས༔
སྡུག་བསྔལ་རིམ་བཞིན་གྲོལ་ནས་ཀྱང༔
མཐའ་རུ་སངས་རྒྱས་ཐོབ་པར་འགྱུར༔

ཞེས་གསུངས་སོ། །རྫོགས་པ་ཆེན་པོ་ཀུན་ཏུ་བཟང་པོའི་དགོངས་པ་ཟང་ཐལ་དུ་བསྟན་པའི་རྒྱུད་ལས། སྨོན་ལམ་སྟོབས་པོ་ཆེ་བཏབ་པས་སེམས་ཅན་ཐམས་ཅད་སངས་མི་རྒྱ་བའི་དབང་མེད་པར་བསྟན་པའི་ལེའུ་དགུ་པ་ཁོལ་དུ་ཕྱུངས་པའོ།། ༎

詞彙解釋

中譯註：詞彙表括弧（）中，Eng. 爲英文，Skt. 爲梵文，Tib. 爲藏文，藏文／前爲拼字，後爲讀音。註明NG的詞彙解釋，摘自第九世大寶法王噶瑪巴旺秋多傑（The Ninth Gyalwang Karmapa Wangchuk Dorje）所著作的《大手印了義海》（*Mahamudra-The Ocean of Definitive Meaning*）

編註：爲了讓讀者方便查閱，將詞彙以筆劃排序。

【二劃】

九乘修道（Nine-yana journey）：大圓滿傳統的解脫道次第。

二十八自在天女神（Skt. twenty-eight ishvaris, དབང་ཕྱུག་མ་ཉེར་བརྒྱད། Tib. dbang phyug ma nyer brgyad/ *wangchukma*）：四十二寂靜本尊中，四位女性守門聖尊的憤怒尊。每七個代表四種佛事業中的其中一種。

八天女（གཽ་རའི་མ་བརྒྱད། Tib. goo ra'i ma brgyad/ *gaurima gye*）：八天女或八瑜伽女。

八位女天魔（Skt. ཕྲ་མེན། Tib. phra men/ *tramen*）：天魔的一種。有著人身和動物頭首的天魔

女，現憤怒相。

十二緣起、十二因緣（Skt. Twelve nidanas, རྟེན་འབྲེལ་བཅུ་གཉིས། Tib. rten 'brel bcu gnyis/ *ten drel chu nyi*）：互爲緣起的十二個環節：無明、行、識、名色、六入、觸、受、愛、取、有、生、老死。

【三劃】

三界（Eng. three realms, ཁམས་གསུམ། Tib. khams gsum/ *kham sum*）：欲界（འདོད་ཁམས། Tib. 'dod khams/ *dö kham*）、色界（གཟུགས་ཁམས། Tib. gzugs khams/ *zug kham*）和無色界（གཟུགས་མེད་ཁམས། Tib. gzugs med khams/ *zug mey kham*）。

三昧耶（Skt. samaya, དམ་ཚིག Tib. dam tshig/ *dam tsig*）：金剛乘修道的誓言。N G

三摩地（Skt. samadhi, ཏིང་འཛིན། Tib. ting 'dzin/ *tingdzin*）：禪定。

上師瑜伽、上師相應法（Skt. guru yoga）：讓自心與上師的心合而爲一的修持。

大手印（Skt. Mahamudra, ཕྱག་རྒྱ་ཆེན་པོ། Tib. phyag rgya chen po/ *chaggya chenpo*）：也可譯爲大印，噶舉傳統中所教導的自心本性，以此而稱。

大自在天神（Skt. Ishvari）：見「二十八自在天女神」（Twenty-eight ishvaris）。

大乘（Skt. Mahayana, ཐེག་པ་ཆེན་པོ། Tib. theg pa chen po/ *thegpa chenpo*）：佛教的高階乘別，也稱「菩薩乘」（Skt. bodhisattva vehicle or Bodhisattvayana），其果位爲圓滿的覺醒、正覺。包含了以經教開示爲根基的「波羅蜜多乘」（Skt. Paramitayana），還有以密續爲根基的金剛乘或密乘。NG

大悉達、大成就者（Skt. Mahasiddhas, གྲུབ་ཐོབ་ཆེན་པོ། Tib. grub thob chen po/ *drubthob chenpo*）：全然了悟正覺、證悟的金剛上師。尤其是指外相展現不限爲出家僧人的在家金剛上師，從事相對世俗活動爲其展現之相。

大勝尊（ཆེ་མཆོག Tib. che mchok/ *che chok*）：大勝嘿嚕嘎（Skt. Mahottara Heruka），普賢王如來的憤怒化身。

大圓滿（རྫོགས་ཆེན། Tib. rdzog chen/ *dzogchen*）：大圓滿、大完全或大空盡。參見「阿底」（Ati）。

大瑜伽部（Skt. Mahayoga）：大雙運，大合一的教法，是九乘修道的第七乘。

小乘（Skt. Hinayana, ཐེག་པ་དམན་པ། Tib. thegs pa dman pa/ *thegpa menpa*）：佛法的基礎乘別，其中包含最初的二乘「聲聞乘」（Skt. Shravakayana）和「獨覺乘」（Prakyekabuddhayana），

小乘的果位是個人解脫的阿羅漢果。NG

【四劃】

不空成就佛（Skt. Amoghasiddhi, དོན་ཡོད་གྲུབ་པ། Tib. don yod grub pa/ *dönyö durppa*）：五方佛中，位於北方的佛。

中陰（བར་དོ། Tib. bar do/ Bardo）：中介的狀態。一般說法是指死後和下一世投胎前的狀態。NG

中觀（Skt. Madhyamaka, དབུ་མ། Tib. dbu ma/ *uma*）：中道，佛教哲學派別之一，由龍樹菩薩（Nagarjuna）奠立此強調空性層面的派別。

互為緣起、緣起（Eng. Interdependent Origination）：參見「緣起而生」（Pratitya samutpada）和十二緣起（Twelve nidanas）。

五妙欲（འདོད་ཡོན་ལྔ། Tib. 'dod yon lnga/ *dö yön nga*）：美麗的色相、悅耳的聲音、芳香的氣味、鮮美的味道、舒適的觸感。NG

五明光（Eng. five luminous lights, འོད་ལྔ། Tib. 'od lnga/ *ö nga*）：本覺的五種明光，白、黃、紅、綠、深藍。

五毒（Eng. five poisons, དུག་ལྔ། Tib. dug lnga/ *dug nga*）：五種毒染的內心垢染，也就是貪欲、瞋怒、愚癡、傲慢、嫉妒。

六道（Eng. six realms, འགྲོ་དྲུག Tib. 'gro drug/ *dro drug*）：地獄道、餓鬼道、畜生道、人道、阿修羅道、天人道。

化身（Skt. nirmanakaya, སྤྲུལ་པའི་སྐུ། Tib. sprul pa'i sku/ *trulpay ku*）：佛的色身，對清淨或不清淨眾生都能展現。這是為了利益有情眾生所證得的果位。經典上說，儘管佛心無生無滅，卻展現為各種相貌，所以是佛心豐饒表達力的無竭化現。NG。佛正覺者的人類化現就是釋迦牟尼佛。

天魔（Tib. tramen）：參見「八位女天魔」。

幻變、神變、化現（ཆོ་འཕྲུལ། Tib. cho 'phrul/ *chotrül*）：神奇的幻化展現。

文武百尊（དམ་པ་རིགས་བརྒྱ། Tib. dam pa rigs brgya/ *dampa rik gya*）：與中陰有關的一百位本尊示現。

文武百尊（ཞི་ཁྲོ། Tib. Shi khro/ *shi-tro*）：顯現於中陰的寂靜本尊和憤怒本尊。

文殊友（Skt. Manjushrimitra）：印度大瑜伽士，是嘎惹多傑的弟子，師利星哈（Sri Simha）

的上師。

月官菩薩、月官論師（Skt. Chandragomin）：印度大師，是安慧大阿闍離（Sthiramati）的弟子。NG

月稱菩薩、月稱論師（Skt. Chandrakirti, ཟླ་བ་གྲགས་པ། Tib. zla ba grags pa/ *dawa drakpa*）：印度大師，龍樹菩薩的大弟子之一。NG。《入中論》的作者。

止禪（Skt. shamatha, ཞི་གནས། Tib. zhi gnas/ *shi-ney*）：止定或靜定的禪修。

【五劃】

世俗諦、相對眞諦、相對實相（Eng. relative truth, ཀུན་རྫོབ་བདེན་པ། Tib. kun rdzob bden pa/ *kundzop denpa*）：相對層次上的眞理，二元對立展現中的相對眞理。

仙人（Skt. Rishe, དྲང་སྲོང་། Tib. drang srong/ *drang song*）：正直者，已成就的賢者或行者。NG。《藏漢大辭典》譯爲「仙人」：身語意不諂不誑，公正持身的修行人。此外，例如「大覺仙」（Tib. drang srong chen po/ *drang song chenpo*）即是佛的別號。

功德（ཡོན་ཏན། Tib. yon tan/ *yönten*）：好的特質。

四緣（Eng. four conditions）：本書脈絡中，四緣的運用是：一，「因緣」是沒認出根的展現即是自心赤裸本性的明分或明光面向。二，透過「所緣緣」，亦即「將明光誤認爲輪迴感知的對境」，因而生起了迷惑。三，「增上緣」即是我執。四，「等無間緣」指的是前三個條件（緣）同時一起生起的狀態。

平常心（ཐ་མལ་གྱི་ཤེས་པ། Tib. tha mal gyi shes pa/ *thamal gyi shepa*）：大手印傳統所說的自心本性。

本來清淨（Eng. primordial purity）：參見「本淨」（Kadak）。

本初智、本智（Skt. jnana, ཡེ་ཤེས། Tib. ye shes/ *yeshe*）：智慧或原初的智慧。

本淨（ཀ་དག Tib. ka dak/ *kadak*）：原來清淨或本初清淨。

本覺（རིག་པ། Tib. rig pa/ *rigpa*）：赤裸無遮的覺性。

本覺有其特性（རིག་པ་རང་ཚུགས་མ་ཐུབ་པ། Tib. rig pa rang tshugs ma thub pa/ *rigpa rang-tshuk ma thup pa*）：藏文字面意義是：本覺不能單獨而立，但此處不以字面解讀，而是指本覺有自己的一些特性。

末法時代（Skt. Kaliyuga, སྙིགས་དུས། Tib. snyigs dus/ *nyik dü*）：心靈污染的時代。

立斷（ཁྲེགས་ཆོད། Tib. khregs chod/ *trekchö*）：大圓滿修持中一種斷除的法門。

【六劃】

伏藏（གཏེར་མ། Tib. gter ma/ *terma*）：蓮花生大士爲了利益未來弟子而埋藏起來的教法。大士將這些教法埋藏起來，讓後世能發現這些伏藏的伏藏師得以取出、教導他人。據說這些教法在大士入滅之後，會在最能發揮效用的末法時代逐一發掘出來。

任運自成（ལྷུན་གྲུབ། Tib. lhun grub/ *lhündrup*）：自然而成的展現，意思是，空性不只是空空如也，也是明光，一直以來都是如此。這並非是某種能夠新創造出來的東西，而是無始以來就是萬事萬物的本性。N G

如幻三摩地（སྒྱུ་མ་ལྟ་བུའི་ཏིང་ངེ་འཛིན། Tib. sgyn ma lta bu'i ting nge 'dzin/ *gyuma dabu ding nge dzin*）：幻象一般的禪定或三摩地。

如所有智（ཇི་ལྟ་བ། Tib. ji lta ba/ *ji tawa*）：如實照見萬事萬物本貌的智慧。

曲解、抹煞、以有爲無（Eng. denigration, སྐུར་འདེབས། Tib. skur 'debs/ *kur-deb*）：否認世俗相對上的確有所存在的事物，認爲是完全不存在的。佛法名相爲謗、減損等。另參見「虛構、增益」。N G

牟尼（Skt. Muni, ཐུབ་པ། Tib. thub pa/ *thuppa*）：能仁，佛陀的稱號之一。

行部密續（Skt. Upa Tantra）：九乘修道的第五乘。

【七劃】

佛（Skt. Buddha, སངས་རྒྱས། Tib. sangs rgyas/ *sangye*）：覺醒、圓滿證悟。另參見「釋迦牟尼佛」。

佛五身（སྐུ་ལྔ། Tib. sku lnga/ *ku nga*）：也就是法身（Skt. dharmakaya, ཆོས་སྐུ། Tib. chos sku/ *chöku*）、報身（Skt. sambhogakaya, ལོངས་སྤྱོད་རྫོགས་པའི་སྐུ། Tib. longs spyod rdzogs pa'i sku/ *longchö dzogpay ku*）、化身（Skt. nirmanakaya, སྤྲུལ་སྐུ། Tib. sprul sku/ *trulku*）、體性身（Skt. svabhavakaya, ངོ་བོ་ཉིད་ཀྱི་སྐུ། Tib. ngo bo nyid kyi sku/ *ngo wo nyi kyi ku*）、現證菩提身（Skt. abhisambodhikaya, མངོན་པར་བྱང་ཆུབ་པའི་སྐུ། Tib. mngon par byang chub pa'i sku/ *ngöpar jangchup payku*）。

佛五智（Eng. five wisdoms）：一，法界體性智（Skt. dharmadhatu wisdom），照見現象真實本性的智慧，現象即是法界（ཆོས་ཀྱི་དབྱིངས། Tib. chos kyi dbyings/ *chökyi ying*）。二，大圓鏡智（མེ་ལོང་ལྟ་བུའི་ཡེ་ཤེས། Tib. me long lta bu'i ye shes/ *melong ta-bü yeshe*）。三，平等性智（མཉམ་ཉིད་ཡེ་ཤེས། Tib. mnyam nyid ye shes/ *nyam nyi yeshe*）。四，妙觀察智（སོ་སོར་རྟོག་པའི་ཡེ་ཤེས།

Tib. so sor rtogs pa'i ye shes/ *so-sor tokpe yeshe*）。五，成所作智（བྱ་བ་གྲུབ་པའི་ཡེ་ཤེས། Tib. bya ba grub pa'i ye shes/ *jawa drup-pe yeshe*）。

那洛巴大師（Skt. Naropa）：印度大悉達，帝洛巴大師的弟子，馬爾巴大譯師的上師。生卒年為西元一〇一六～一一〇〇。那洛巴大師在跟隨帝洛巴大師學習之前，本為那瀾陀佛學院的住持。

那瀾陀佛學院（Skt. Nalanda）：古代印度一所大型佛學院，西元十二世紀因回教徒入侵而被摧毀殆盡。

【八劃】

事部密續（Skt. Kriya Tantra）：九乘修道中的第四乘。

依檔（譯音）（ཡི་དམ། Tib. yi dam/ *yidam*）：所觀想的本尊。

岡波巴大師（སྒམ་པོ་པ། Tib. sgam po pa/ *Gampopa*）：大師另一為人所知的名號為「達波仁波切」（Dakpo Rinpoche），是密勒日巴尊者最重要的弟子，也曾在噶當派多位上師座下學習。他的大弟子包含第一世大寶法王杜松虔巴（Dusum Khyenpa）和帕摩竹巴（Pakmo

Drupa）。生卒年爲西元一〇七九～一一五三。NG

帕哈達妮公主（Skt. Prahadhani）：嘎惹多傑的母親。

波羅蜜多（Skt. Paramita, ཕ་རོལ་ཏུ་ཕྱིན་པ། Tib. pha rol tu phyin pa/ *pharol tu jinpa*）：勝義圓滿，字義爲「到達彼岸」。

法、佛法（Skt. dharma, ཆོས། Tib. chos/ *chö*）：佛陀的言教。

法身（Skt. dharmakaya, ཆོས་སྐུ། Tib. chos sku/ *chöku*）：「觀」之精髓的了悟即是法身，是圓滿了非概念或離念本性的結果。法身是成就自利的果位。佛經中也提到，這是心的無生境界，遠離了一切概念造作（離戲）。NG。法身是智慧與虛空無二無別的境界，覺空不二。

法性（Skt. dharmata, ཆོས་ཉིད། Tib. chos nyid/ *chönyi*）：實相。自心與現象的實相或究竟本性，與「空性」（emptiness）爲同義詞。NG

法界（Skt. dharmadhatu, ཆོས་དབྱིངས། Tib. chos dbyings/ *chöying*）：輪迴和涅槃一切現象的究竟、原初界域，無生、無滅，非因緣聚合且無有轉變。

空行母（Skt. Dakini, མཁའ་འགྲོ་མ། Tib. Mkha' 'gro ma/ *khandroma*）：密續女性本尊，保護並爲佛法和行者提供必要協助。

空性（Eng. emptiness, Skt. shunyata, སྟོང་པ་ཉིད། Tib. stong pa nyid/ *tongpa nyi*）：萬事萬物的究竟本性，認出一切因緣聚合的事物皆無原本俱生的存在，此本性即爲空性。

金剛乘（Skt. Vajrayana. རྡོ་རྗེ་ཐེག་པ། Tib. rdo rje theg pa/ *dorje thegpa*）：大乘教法中的密續教法，是快速道（ཉེ་ལམ། Tib. nye lam/ *nye lam*），運用各種能讓行者覺醒的不同法門爲修道，能快速獲得成果。也稱爲「密咒乘」（Skt. Secret Mantra）、「咒乘」（Skt. Mantrayana）、「密續乘」（Skt. Tantrayana）或「果乘」（resultant vehicle, འབྲས་བུའི་ཐེག་པ། Tib. 'bres bu'i theg pa/ *dre bui thegpa*）。

金剛薩埵（Skt. Vajrasattva）：報身佛之一。金剛薩埵將大圓滿法傳授嘎惹多傑。另參見「金剛薩埵」（Tib. Dorje Sempa）。

金剛薩埵（རྡོ་རྗེ་སེམས་དཔའ། Tib. rdo rje sems dpa/ *Dorje Sempa*）：參見梵文 Vajrasattva 金剛薩埵。

阿育王（Skt. Ashoka）：鄔迪亞那王國的偉大法王，是嘎惹多傑的祖父。但「阿育王」這個名號，一般耳熟能詳的是指釋迦牟尼佛初轉法輪時代，在印度瓦拉納西建造了一座佛塔的印度國王。

阿底瑜伽、阿提瑜伽（Skt. Ati or Atiyana）：大圓滿傳統的最後一乘，是大圓滿傳統中的圓滿了悟。九乘修道中的最後一乘。另參見「大圓滿」。

阿努瑜伽部（Skt. Anuyoga）：九乘修道中的第八乘。

阿賴耶（Skt. Alaya, ཀུན་གཞི། Tib. kun bshi/ *kun-shi*）：萬事萬物的根基、心續。沒有認出阿賴耶時，是一切種識、阿賴耶識（Skt. alayavijnana, ཀུན་གཞི་རྣམ་པར་ཤེས་པ། Tib. Kun gzhi rnam par shes pa/ *kun-shi nampar shepa*）；認出阿賴耶時，稱爲一切種智、本初智、阿賴耶智（Skt. alayajnana, ཀུན་གཞིའི་ཡེ་ཤེས། Tib. kun gzhi'i ye shes/ *kun-shi yeshe*）。N G

阿彌陀佛（Skt. Amitabha, འོད་དཔག་མེད། Tib. 'od dpag med/ *ö-pak me*）：五方佛中，位於西方的佛。

【九劃】

《洞察智密續》（*Tantra of Penetrating Wisdom*, དགོངས་པ་ཟང་ཐལ་གྱི་རྒྱུད། Tib. dgongs pa zang thal gyi rgyud/ *gongpa zang-thal gyi gyü*），也可用另一種譯法：《超觀密意密續》（*Tantra of Transcendent Intention*）。

前行（སྔོན་འགྲོ། Tib. sngon 'gro/ *ngöndro*）：初步的預備修持。前行包含了轉心四思維的共通前行，以及金剛乘的四不共加行；四不共加行則包含皈依大禮拜、金剛薩埵百字明咒、獻曼達和上師相應法。

帝洛巴大師（Skt. Tilopa）：印度大悉達，是那洛巴大師的上師。生卒年為西元九八八～一○六九。NG。他是噶舉傳承的首位人類持有者，直接從大手印傳承的本初佛「持金剛」（Vajradhara）那兒領受到教法。

施受法、自他相換（གཏོང་ལེན། Tib. gtong len/ *tonglen*）：字面意義為「送出和取納」，是一種能培養菩提心的修持方法。

毗盧遮那佛（Skt. Vairochana/ རྣམ་པར་སྣང་མཛད། Tib. rnam par snang mdzad/ *nampar nangdze*）：也稱為大日如來，是五方佛中，位於中央的佛。

【十劃】

俱生智（ལྷན་ཅིག་སྐྱེས་པའི་ཡེ་ཤེས། Tib. lhan cig skyes pa'i ye shes/ *lhenchig kye-pai yeshe*）：也可稱為本初智或俱時生起的智慧。

俱生無明（ལྷན་ཅིག་སྐྱེས་པའི་མ་རིག་པ། Tib. lhan cig skyes pa'i ma rig pa/ *lhenchig kye-pai ma rigpa*）：認為「所有眾生原本就有真實存在的自我」的原始無明或概念。

師利星哈（Skt. Sri Simha, དཔལ་གྱི་སེང་གེ། Tib. dpal gyi sang ge/ *pelgyi sangge*）：古時住在印度的一位中國瑜伽士。他是文殊友的弟子、蓮花生大士的上師。

涅槃（Skt. nirvana, མྱ་ངན་ལས་འདས་པ། Tib. mya ngan las 'das pa/ *nyangen le depa*）：超越了一切痛苦。有兩種意義：一，經由聲聞乘或獨覺乘而達到解脫痛苦的境界，解脫的藏文是ཐར་པ། thar pa/ *tharpa*。二，經由大乘證得正覺、完全覺醒的全知境界（ཐམས་ཅད་མཁྱེན་པ། Tib. thams cad mkhyen pa/ *thamche khyenpa*）。N G。涅槃是無有痛苦的體驗，是自心本性的體驗。

般若智（Skt. prajna, ཤེས་རབ། Tib. shes rab/ *sherab*）：高深的智慧，洞見。

迷妄（འཁྲུལ་པ། Tib. 'khrul pa/ *trüpa*）：虛妄、迷惑、謬誤。

馬爾巴大師（མར་པ། Tib. mar pa/ *Marpa*）：為人熟知的馬爾巴大譯師，是那洛巴大師的弟子，密勒日巴尊者的上師。馬爾巴大譯師將噶舉傳承從印度帶回西藏。

【十一劃】

唯一自性無明（Eng. dominating ignorance, Tib. dag nyid chig pu'i ma rig pa/ *dagnyi chigpü ma rigpa*）：根本上的無明愚癡，二元之心由此而生。

寂天菩薩、寂天論師（Skt. Shantideva, ཞི་བ་ལྷ། Tib. zhi ba lha/ *shiwa lha*）：《入菩薩行》的作者（亦稱《入行論》）。

密勒日巴尊者（མི་ལ་རས་པ། Tib. mi la res pa/ *Milarepa*）：馬爾巴大譯師最著名的弟子之一，是岡波巴大師的上師。生卒年爲西元一〇四〇～一一二三。NG。密勒日巴尊者是出世瑜伽士傳統的代表性人物。

密續乘（Skt. Tantrayana, རྒྱུད་ཀྱི་ཐེག་པ། Tib. rgyud kyi theg pa/ *gyü kyi thekpa*）：佛陀於密續教法中所教導的修道。另參見「金剛乘」。

【十二劃】

勝義諦、究竟眞諦（Eng. Absolute truth, དོན་དམ་བདེན་པ། Tib. don dam bden pa/ *döndam denpa*）：萬事萬物的本性，超越了一切概念造作，不是迷惑、矛盾或無明之心所虛構臆測的。

勝觀、觀（Skt. vapashyan, ལྷག་མཐོང་། Tib. lhag mthong/ *lhagtong*）：高深殊勝的洞見。

報身（Skt. Sambhogakaya, ལོངས་སྤྱོད་རྫོགས་པའི་སྐུ། Tib. longs spyod rdzogs pa'i sku/ *longchö dzogpay ku*）：佛的色身，身上有著各種主、隨莊嚴，只有神聖菩薩眾看得見佛的報身。報身是爲

了利益有情眾生而證得的果位。經典上說，報身是心無所駐的境界，也是心之覺性的明覺面。NG。報身的字面意義是「受用身」，此處的「受用」指的是功德受用，指報身的圓滿豐饒。

普賢五相（five types of Kuntuzangpo）：一，普賢上師（སྟོན་པ་ཀུན་ཏུ་བཟང་པོ། Tib. ston pa kun tu bzang po/ *tönpa kuntuzangpo*），圓滿清淨的導師。二，普賢莊嚴（རྒྱན་ཀུན་ཏུ་བཟང་པོ། Tib. rgyan kun tu bzang po/ *gyen kuntuzangpo*），圓滿清淨的莊嚴，指的是上師的莊嚴，也就是上師的言教。三，普賢道（ལམ་ཀུན་ཏུ་བཟང་པོ། Tib. lam kun tu bzang po/ *lam kuntuzangpo*），圓滿清淨的修道。四，普賢本覺（རིག་པ་ཀུན་ཏུ་བཟང་པོ། Tib. rig pa kun tu bzang po/ *rigpa kuntuzangpo*），圓滿清淨的覺性或赤裸無遮的覺性。五，普賢了悟（རྟོགས་པ་ཀུན་ཏུ་བཟང་པོ། Tib. rtogs pa kun tu bzang po/ *togpa kuntuzangpo*），圓滿清淨的了悟。

普賢王如來（Skt. Samatabhadra, ཀུན་ཏུ་བཟང་པོ། Tib. kun tu bzang po/ *Kuntuzangpo*）：大圓滿傳統中的本初佛。

普賢王如來佛母（Skt. Samatabhadri, ཀུན་ཏུ་བཟང་མོ། Tib. kun tu bzang mo/ *Kuntuzangmo*）：普賢王如來的伴侶。

無明（མ་རིག་པ། Tib. ma rig pa/ *ma rigpa*）：愚癡。

無著菩薩（Skt. Asanga, ཐོགས་མེད། Tib. thogs me/ *thogme*）：無著菩薩在彌勒佛（或說彌勒菩薩）座下領受了《大乘無上續論》佛性如來藏的教法。

童子瓶身（གཞོན་ནུ་བུམ་སྐུ། Tib. gzhon nu bum sku/ *shönnu bum-ku*）：瓶中的少年佛。

菩薩乘（Skt. Bodhisattvayana, བྱང་ཆུབ་སེམས་དཔའི་ཐེག་པ། Tib. byang chub sems dpa'i theg pa/ *changchub sempe thekpa*）：參見「大乘」。

虛構、以無爲有（Eng. superimposition, སྒྲོ་འདོགས། Tib. sgro 'dogs/ *dro dog*）：將無所存在的事物以爲有所存在，也就是說，沒有眞正存在卻說有眞正存在，佛學名相譯爲「增益」。另參見「曲解、抹煞、以有爲無」。NG

【十三劃】

傳續（Eng. transmissions）：上師將自己的正覺了悟傳授給弟子，不間斷地代代相傳。

經乘、經教乘（Skt. Sutrayana, མདོའི་ཐེག་པ། Tib. Mdo'i theg pa/ *doyi thekpa*）：佛陀於經教或顯經中所教導的修道。

遍計所執無明（Eng. ignorance of false imagination, ཀུན་བརྟགས། Tib. kun tu brtags pa'i ma rig pa/ *kuntu takpe marigpa*）：也可譯爲「標籤事物的無明」或「賦予歸類的無明」。

頓超（ཐོད་རྒལ། Tib. thod rgal/ *thögal*）：字面上的意思是「直接越過」，是大圓滿修持中，強調自然展現的層面。

鄔迪亞那王國（Skt. Uddiyana, ཨོ་རྒྱན། Tib. o rgyan/ *ogyen or urgyen*）：鄔金王國，位於印度西北方，是嘎惹多傑大師和蓮花生大士的誕生地。據說座落於現今的阿富汗。

【十四劃】

嘎惹多傑、勝喜金剛（Tib. Garab Dorje）：大圓滿傳承的第一位人類上師與持有者。

盡所有智（ཇི་སྙེད་པ། Tib. ji snyed pa/ *ji nyepa*）：盡見萬事萬物各式樣貌的智慧。

【十五劃】

嘿嚕嘎（Skt. Heruka, ཁྲག་འཐུང་། Tib. khrag 'thung/ *thrag thung*）：字面上的意思是「飲血者」。嘿嚕嘎是佛的憤怒相、瑜伽相。

緣起（རྟེན་འབྲེལ། Tib. rten 'brel/ *tendrel*）：吉祥的巧合事件。

緣起而生（Skt. pratitya samutpada, རྟེན་ཅིང་འབྲེལ་བར་འབྱུང་བ། Tib. rten cing 'brel bar 'byung ba/ *tenching drelwar jungwa*）：萬事萬物之間的相互連結，一切皆依於因和緣而生起。NG

蓮花生大士（Skt. Padmasambhava）：印度大師，於西元八世紀將大圓滿教法帶到西藏的印度金剛上師，也被稱爲「寶上師」（Guru Rinpoche）；爲了利益未來眾生，他留下了大批伏藏教法等待後人發掘。另參見「伏藏」（Terma）。

輪迴、娑婆（Skt. samsara, འཁོར་བ། Tib. 'khor ba/ *khor wa*）：不斷循環的存在狀態。有情眾生因無明愚癡所經歷的存在狀態；而輪迴中所經歷的主要體驗就是痛苦。NG

餓鬼（ཡི་དྭགས། Tib. yi dwags/ *yidak*）：受折磨的飢餓鬼魂。

【十六劃】

噶瑪巴（ཀརྨ་པ། Tib. karma pa/ *karmapa*）：藏傳佛教噶瑪噶舉派的領導人物。第一世噶瑪巴杜松虔巴是岡波巴大師的弟子。目前的轉世者是第十七世嘉華噶瑪巴（大寶法王噶瑪巴）鄔金欽列多傑（Ogyen Thrinley Dorje），西元二〇〇〇年一月由西藏到達印度，目前駐錫於印度。

噶舉巴（བརྗོད་དུ་མེད་པའི་བརྗོད་པ། Tib. Bka’ brgyud pa/ *kagyupa*）：噶舉派追隨者，噶舉派也稱口傳派。噶舉傳承在西元十一世紀由馬爾巴大譯師傳回西藏。

獨覺乘、緣覺辟支佛乘（Skt. Pratyekabuddhayana, རང་སངས་རྒྱས་ཀྱི་ཐེག་པ། Tib. rang sangs rgyas skyi theg pa/ *rang sanggye kyi thekpa*）：九乘修道的第二乘。

龍樹菩薩（Skt. Nagarjuna ཀླུ་སྒྲུབ། Tib.klu sgrub/ *lu drub*）：印度的中觀哲學大師。NG

【十七劃】

聲聞乘（Skt. Shravakayano, ཉན་ཐོས་ཀྱི་ཐེག་པ། Tib. nyan thos kyi theg pa/ *nyenthö kyi thekpa*）：九乘修道中的第一乘，修持初轉法輪教法「四聖諦」而證得涅槃的行者之修道。NG

【十八劃】

薩度（苦行僧）（Skt. sadhu, ཏིང་ངེ་འཛིན་པ། Tib. ting nge ’dzin pa/ *tingnge dzinpa*）：印度的苦行瑜伽士。

薩惹哈（Skt. Saraha）：印度大悉達，是大手印上師，另有別名「大婆羅門」（Great

Brahmin）。NG。

薩鬘塔巴札（Skt. Samantabhadra）：參見「普賢王如來」。

【十九劃】

離言之言（བརྗོད་དུ་མེད་པའི་བརྗོད་པ། Tib. brjod du med pa'i brjod pa/ *jödu mepe jöpa*）：無可言說之言。

羅睺、羅睺羅（Skt. Rahu or Rahula）：大圓滿密續中，羅睺羅是一位千眼護法神，在西藏星象學中，羅睺指的是日月蝕。

【二十劃】

寶上師（Guru Rinpoche）：參見蓮花生大士（Padmasambhava）。

寶生佛（Skt. Ratnasambhava, རིན་ཆེན་འབྱུང་གནས། Tib. rin chen 'byung gnas/ *rinchen jungne*）：五方佛中，位於南方的佛。另參見「佛五智」。

蘊聚、五蘊（Skt. skandha, ཕུང་པོ། Tib. phung po/ *pungpo*）：色蘊、受蘊、想蘊、行蘊、識蘊。佛陀說，眾生將五蘊誤以為是一個單一的自我。

覺空（དབྱིངས་རིག Tib. dbyings rig/ *ying rik*）：虛空和智慧。

釋迦牟尼佛（Skt. Shakyamuni, ཤཱཀྱ་ཐུབ་པ། Tib. shakya thub pa/ *shakya thuppa*）：史上記載的佛陀。

【二十一劃】

灌頂（Skt. Abhisheka, དབང་། Tib. dbang/ *wang*）：金剛上師傳授金剛乘教法的儀式，代表弟子得到授權，可以修持所灌頂的儀軌和法教。

【二十三劃】

體性身（Skt. Svabhavakaya, ངོ་བོ་ཉིད་སྐུ། Tib. ngo bo nyid sku/ *ngo wo nyi ku*）：一般的說法是「佛三身無有分別的境界」，也可說是心的空性。NG

【二十五劃】

觀（Skt. vipashyana）：參見「勝觀」。

善知識系列 JB0086

普賢王如來祈願文

作　　者／竹慶本樂仁波切
譯　　者／江翰雯
編　　輯／張嬉婷
業　　務／顏宏紋

總 編 輯／張嘉芳
出　　版／橡樹林文化
城邦文化事業股份有限公司
台北市民生東路二段 141 號 5 樓
電話：(02)25007696　傳眞：(02)25001951
發　　行／英屬蓋曼群島家庭傳媒股份有限公司城邦分公司
台北市民生東路二段 141 號 5 樓
客服服務專線：(02)25007718；(02)25001991
24 小時傳眞專線：(02)25001990；(02)25001991
服務時間：週一至週五上午 09：30 ～ 12：00；下午 13：30 ～ 17：00
劃撥帳號：19863813；戶名：書虫股份有限公司
讀者服務信箱：service@readingclub.com.tw
香港發行所／城邦（香港）出版集團有限公司
香港灣仔駱克道 193 號東超商業中心 1 樓
電話：(852)25086231　傳眞：(852)25789337
E-mail：hkcite@biznetvigator.com
馬新發行所／城邦（馬新）出版集團【Cité (M) Sdn.Bhd. (458372 U)】
41, Jalan Radin Anum, Bandar Baru Sri Petaling,
57000 Kuala Lumpur, Malaysia.
電話：(603) 90563833　傳眞：(603) 90576622
Email:services@cite.my

版面構成／歐陽碧智
封面設計／周家瑤
印　　刷／韋懋實業有限公司

初版一刷／ 2013 年 1 月
初版六刷／ 2023 年 10 月
ISBN ／ 978-986-6409-51-6
定價／ 320 元

城邦讀書花園
www.cite.com.tw

國家圖書館出版品預行編目資料

普賢王如來祈願文 / 竹慶本樂仁波切著；江翰雯譯 . -- 初版 . -- 臺北市：橡樹林文化，城邦文化出版：家庭傳媒城邦分公司發行，2013.01
面；　公分 . --（善知識系列；JB0086）
譯自：Penetrating Wisdom：The ASPIRATION of SAMANTABHADRA
ISBN 978-986-6409-51-6(平裝)

1. 藏傳佛教　2. 佛教修持

226.965　　101026289

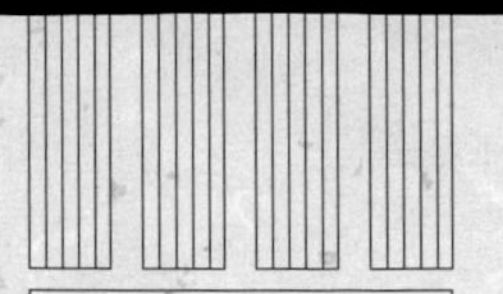

104 台北市中山區民生東路二段 141 號 5 樓

城邦文化事業股份有限公司

橡樹林出版事業部　收

請沿虛線剪下對折裝訂寄回，謝謝！

|橡|樹|林|

書名：普賢王如來祈願文　書號：JB0086

橡樹林文化
讀者回函卡

感謝您對橡樹林出版社之支持，請將您的建議提供給我們參考與改進；請別忘了給我們一些鼓勵，我們會更加努力，出版好書與您結緣。

姓名：＿＿＿＿＿＿＿＿＿＿ □女 □男 生日：西元＿＿＿＿＿年

Email：＿＿＿＿＿＿＿＿＿＿＿＿＿＿＿＿＿＿＿＿

● 您從何處知道此書？

□書店 □書訊 □書評 □報紙 □廣播 □網路 □廣告 DM □親友介紹

□橡樹林電子報 □其他＿＿＿＿＿＿

● 您以何種方式購買本書？

□誠品書店 □誠品網路書店 □金石堂書店 □金石堂網路書店

□博客來網路書店 □其他＿＿＿＿＿＿

● 您希望我們未來出版哪一種主題的書？（可複選）

□佛法生活應用 □教理 □實修法門介紹 □大師開示 □大師傳記

□佛教圖解百科 □其他＿＿＿＿＿＿

● 您對本書的建議：

＿＿＿＿＿＿＿＿＿＿＿＿＿＿＿＿＿＿＿＿

＿＿＿＿＿＿＿＿＿＿＿＿＿＿＿＿＿＿＿＿

＿＿＿＿＿＿＿＿＿＿＿＿＿＿＿＿＿＿＿＿

＿＿＿＿＿＿＿＿＿＿＿＿＿＿＿＿＿＿＿＿

＿＿＿＿＿＿＿＿＿＿＿＿＿＿＿＿＿＿＿＿

我已經完全瞭解左述內容，並同意本人資料依上述範圍內使用。

＿＿＿＿＿＿＿＿＿＿（簽名）